Luciano De Crescenzo

STORIA DELLA FILOSOFIA MODERNA

Da Cartesio a Kant

MONDADORI

Dello stesso autore
nella collezione I libri di Luciano De Crescenzo

Così parlò Bellavista
Raffaele
Zio Cardellino
Oi Dialogoi
Storia della filosofia greca - I
Storia della filosofia greca - II
Vita di Luciano De Crescenzo scritta da lui medesimo
Elena, Elena, amore mio
I miti dell'amore
I miti degli eroi
I miti degli Dei
I miti della guerra di Troia
Croce e delizia
Usciti in fantasia
Panta rei
Ordine e Disordine
Nessuno
Il tempo e la felicità
Le donne sono diverse
La distrazione
Tale e quale
Storia della filosofia medioevale
Storia della filosofia moderna - Da Cusano a Galilei

nella collezione Passepartout
Il dubbio
Socrate
Sembra ieri

nella collezione I grandi miti greci a fumetti
L'amore
La creazione del mondo

nella collezione Illustrati
La Napoli di Bellavista

nella collezione Supermiti
I grandi miti greci

www.librimondadori.it

ISBN 88-04-52628-9

© 2004 Arnoldo Mondadori Editore S.p.A., Milano
I edizione aprile 2004

Indice

9		*Premessa*
11	I	Renato Cartesio
21	II	Thomas Hobbes
27	III	Blaise Pascal
37	IV	Baruch Spinoza
45	V	John Locke
51	VI	Isaac Newton
57	VII	Nicolas de Malebranche
63	VIII	Gottfried Wilhelm Leibniz
71	IX	Giambattista Vico
77	X	Christian Wolff
83	XI	George Berkeley
87	XII	Alexander Gottlieb Baumgarten
91	XIII	Carlo Linneo
95	XIV	Montesquieu
101	XV	I materialisti
107	XVI	Gli enciclopedisti
111	XVII	Denis Diderot
117	XVIII	D'Alembert

119	XIX Voltaire
127	XX Étienne Bonnot de Condillac
131	XXI Gotthold Ephraim Lessing
135	XXII L'illuminismo napoletano
141	XXIII L'illuminismo milanese
149	XXIV David Hume
155	XXV Jean-Jacques Rousseau
161	XXVI Marchese di Sade
167	XXVII Adam Smith
173	XXVIII Immanuel Kant
183	*Indice dei nomi*

Storia della filosofia moderna

Premessa

La filosofia moderna di questo libro è senza dubbio più moderna della filosofia moderna che pubblicai nel 2003. Quella andava da Cusano a Galilei. Questa, invece, va da Cartesio a Kant. Ma cerchiamo di capire che vuol dire «filosofia moderna». È un'espressione che unisce l'avverbio *modo* all'aggettivo *hodiernus*. *Modo* sta per «adesso» e *hodiernus* per «attuale». A complicarci la vita, poi, arriverà la «filosofia contemporanea» che è ancora più moderna dell'ultima moderna.

In termini di date, possiamo dire che la filosofia la si può dividere in quattro tronconi: quella greca che va dal 700 avanti Cristo al 400 dopo Cristo, la medioevale che va dal 400 al 1400, la moderna che va dal 1400 al 1800, e infine la contemporanea che va dal 1800 a oggi. Tutto questo, secolo più secolo meno.

È Cartesio quello che segna la svolta tra le due «moderne». La prima risentiva ancora dell'influenza dei secoli bui. A comandare, diciamo le cose come stanno, c'era sempre la Chiesa e non a caso le scuole erano gestite dai preti. Con la seconda, invece, il mondo si divise in due emisferi distinti e separati: da una parte c'erano quelli a cui piaceva di più ragionare e dall'altra quelli a cui piaceva di più credere.

Il lettore, *a seconda che si ritenga* abitante del primo o del secondo emisfero, si legga o non si legga questo libro.

L. D.C.

I
Renato Cartesio

Se dubito penso, se penso esisto e se esisto anche Dio esiste. Questo, in quattro parole, il pensiero di Cartesio. Tutto il resto si potrebbe pure saltare.

La vita

René Des Cartes o Descartes, o Cartesius, o Cartesio, o Delle Carte, nacque a La Haye, in Turenna, nel 1596, da una famiglia della piccola nobiltà francese. Fu chiamato René, cioè «rinato», perché appena venuto al mondo stava per morire e solo grazie alla respirazione della sua levatrice riuscì a sopravvivere.

Rimasto orfano di madre quando non aveva ancora compiuto un anno, venne allevato da una nonna e dalla levatrice che lo aveva aiutato a nascere. A nove anni fu messo in un collegio gesuitico, quello di La Flèche, e lì ebbe modo di affrontare gli studi obbligatori dell'epoca, e cioè la grammatica per quattro anni, la retorica per due e la filosofia per tre.

I gesuiti, però, al giovane Cartesio stavano sulle scatole, anche perché, durante le lezioni, pretendevano il silenzio più assoluto, e lui, irrequieto com'era, faceva sempre casino. Ogni volta c'era qualcosa su cui non era d'accordo e

Renato Cartesio (1596-1650)

su cui avrebbe voluto discutere, anzi litigare. Finì col farsi odiare da tutto il corpo docente.

La mattina si alzava tardi, mai prima di mezzogiorno, e non era quello che si dice un grande lettore. A detta di Voltaire, non aveva mai letto niente che valesse la pena. Nemmeno i Vangeli. A lui bastava un'occhiata per capire un libro. Era solito affermare: «Sono sufficienti poche pagine e uno sguardo alle figure. Tutto il resto è inutile: è stato scritto solo per riempire la carta».

Misantropo e vegetariano, vestiva quasi sempre di nero. Aveva una zazzera mal pettinata e uno sguardo bovino che esprimeva più disgusto che stima nei confronti del prossimo. Insomma, era quello che si dice un carattere difficile.

In seguito si trasferì a Poitiers dove prese la laurea in Legge. Una volta terminati gli studi, se ne andò in Olanda dove, a quanto pare, le autorità ecclesiastiche erano di manica più larga. Nel contempo scrisse:

Proprio alla fine degli studi mi trovai sperduto tra infiniti dubbi ed errori. Mi sembrava di aver studiato solo per scoprire quanto fossi ignorante.

Durante la guerra dei Trent'anni si arruolò come «gentiluomo volontario», prima nell'esercito protestante del principe Maurizio di Nassau-Orange e poi in quello cattolico del duca di Baviera, quasi a sottolineare il fatto che per lui una religione valeva l'altra. E fu proprio in questo periodo che strinse due importanti amicizie: la prima con un teologo, Marin Mersenne, di larghe vedute, e la seconda col medico e scienziato olandese Isaac Beeckman. Entrambe queste amicizie accrebbero in lui l'interesse per le scienze esatte.

Successe, però, che una mattina, quasi all'alba, fece tre

sogni, l'uno più angoscioso dell'altro. Nel primo si vide circondato da un gruppo di fantasmi che lo facevano ruotare su se stesso come una trottola; nel secondo fu sommerso da una pioggia di scintille di fuoco; e nel terzo venne aggredito da un uomo che gli volle per forza recitare una poesia intitolata *Est et non*. Cosa, poi, volessero dire questi sogni non si è mai saputo. Lui, comunque, li interpretò come un messaggio divino affinché si rendesse conto del vero significato della vita. Si recò allora al Santuario della Madonna di Loreto, deciso a non lasciare quel sacro luogo finché non avesse scoperto qualcosa in cui credere. Ovviamente non ci riuscì e allora abbandonò ogni interesse per le materie cosiddette astratte, ovvero la religione, la magia e l'astrologia, e mise al primo posto dei suoi interessi la matematica.

Così facendo, anzi così ragionando, morì nel febbraio del 1650. Nel settembre del 1649 era stato invitato dalla regina Cristina di Svezia per una serie di lezioni filosofiche da tenere a corte. Purtroppo, però, la regina pretendeva che le lezioni si tenessero alle cinque del mattino e queste uscite all'alba gli furono fatali. Non essendo abituato al clima nordico, si prese una polmonite che gli fu fatale.

Le opere

Cartesio scrisse moltissimo. Fra le tante opere che ci ha lasciato ricordiamo le *Regole per dirigere l'ingegno*, *Le passioni dell'anima* (1649), le *Meditazioni sulla filosofia prima* (1641) e *Principi della filosofia* (1644). Il saggio, però, che più gli diede dei grattacapi fu il *Mondo* (la prima parte di un trattato di fisica e antropologia[*]), dove sposava in pie-

---

[*] La seconda parte si intitolava *L'Uomo*.

no le tesi di Copernico, quelle che ipotizzavano il Sole al centro dell'Universo. Ebbene, a quei tempi bastava un'allusione a una nascita di Gesù un filino decentrata per finire sotto processo. La Santa Inquisizione non perdonava e, dopo quello che era successo a Galileo, non era proprio il caso di scherzare. Cartesio, allora, decise di non dare alle stampe il *Mondo* e di pubblicarne solo alcune parti, quelle dove non si affrontava il problema dell'eliocentrismo. Ne vennero fuori tre saggi, la *Diottrica*, le *Meteore* e la *Geometria*, più un'introduzione intitolata *Discorso sul metodo*. Tutto il resto, sotto il titolo di *Mondo* o di *Trattato sulla luce*, uscì molti anni dopo, nel 1664, quando lui era già morto e sepolto.

Il Discorso sul metodo

Il *Discorso* è diviso in sei parti: nella prima si parla della Scienza, nella seconda delle Regole indispensabili per ragionare, nella terza della Morale, nella quarta di Dio, nella quinta della Fisica e nell'ultima della Natura.
Il tutto comincia con un elogio del buonsenso. Ognuno di noi, dice, ne è provvisto quanto basta. Ma che cos'è il buonsenso? «È la facoltà di distinguere il vero dal falso, o, perlomeno, il probabilmente vero dal probabilmente falso. L'importante è non lasciarsi prendere dall'entusiasmo.» Detto in altre parole, ci consiglia di praticare il dubbio ogniqualvolta siamo costretti a esprimere un'opinione. Poi, parlando di se stesso, afferma:

Sono stato istruito nelle lettere fin da ragazzo, ma, appena terminati gli studi, ho scoperto la mia ignoranza. In compenso, col tempo, ho capito quanto fosse importante leggere e studiare. La lettura di un libro è una conversazione con il suo autore. Leggere equivale a viaggiare. Lo stesso dicasi della matematica, della musica, della filosofia e della poesia. Vista, però, la moltitudine delle materie, ho deciso d'iniziare studiando me stesso.

Dopodiché precisa: è molto utile conoscere i costumi degli altri popoli, soprattutto per confrontarli con i propri. L'importante, però, è non lasciarsi prendere dalle cose già dette in passato: si rischia, infatti, di sottovalutare il presente. Infine Cartesio c'informa che da ragazzo era convinto che l'eloquenza e la poesia fossero delle qualità innate. Laddove, diventando più adulto, si era reso conto che erano entrambe frutto dello studio.

Ed ecco, nella seconda parte del *Metodo*, le principali regole da rispettare. La prima è quella di non dare mai nulla per scontato; la seconda, quella di scindere ogni problema grande in più problemi piccoli; la terza, quella di risalire dai problemi piccoli al problema grande; e la quarta, quella di controllare che non ci si sia dimenticati di nulla. Dette con altre parole, le regole sarebbero: l'Evidenza, l'Analisi, la Sintesi e la Verifica.

Nella terza parte ci dà tre consigli pratici che hanno a che fare con la morale e con la sopravvivenza. Il primo è quello di ubbidire alle leggi e ai costumi del paese in cui viviamo, e, nei casi incerti, di attenersi alle opinioni più moderate. Scegliendo la via di mezzo, precisa, anche quando si sbaglia si finisce con lo sbagliare meno. Il secondo è quello di non cambiare rotta in caso di smarrimento. Supponiamo, dice, di esserci persi nel mezzo di un bosco. Guai ad andare un po' di qua e un po' di là. Meglio scegliere una direzione qualsiasi e mantenerla fino a quando non si esce dalla foresta. Terza e ultima massima, quella di contare più su di noi che sulla sorte. Il nostro buonsenso, osserva, ci porta a desiderare solo le cose possibili e a diffidare di quelle estremamente improbabili, tipo il SuperEnalotto, tanto per dirne una. A essere sinceri, Cartesio non dice mai SuperEnalotto ma è come se lo avesse fatto.

La parte più interessante del *Discorso* è comunque la quarta, quella sintetizzata dalla famosa affermazione «*Cogito ergo sum*». Il ragionamento è quantomai elementare. Dice in sostanza Cartesio:

Invece di credere che tutto sia vero, suppongo che tutto sia falso, e controllo se è rimasto in piedi qualcosa in cui credere. Di certo so solo che sto pensando. Se penso, però, vuol dire che esisto, e se esisto vuol dire che esiste qualcuno che mi ha messo al mondo. Dopodiché mi decido e chiamo «Dio» questo qualcuno che mi ha creato e «anima» la cosa che sta dentro di me e che pensa di continuo.

Nella sesta parte del libro Cartesio fa un accenno a Galilei, pur senza nominarlo mai:

Sulla Fisica e sulla Natura sono state dette cose molto importanti e anch'io, in verità, avrei voluto dire la mia. Poi venni a sapere che persone, alle quali mi inchino, avevano disapprovato le opinioni pubblicate da un altro studioso, sulle quali io, peraltro, non trovavo nulla di pregiudizievole nei confronti della Religione e tanto bastò perché da quel giorno decidessi di non pubblicare su questo argomento.

Le Meditazioni

Nelle *Meditazioni* Cartesio ritorna a parlare di Dio e dell'anima.

Questi due concetti sono senza alcun dubbio i più importanti che si possono avere. E non è detto che ci si arrivi solo attraverso la Fede. A volte, potrebbe bastare anche la sola Ragione.

Ecco perché prego coloro che desiderano leggere queste **Meditazioni** *di non formarsi un giudizio preconcetto, ma di leggersi tutte le obiezioni possibili e anche tutte le risposte possibili.*

Ciò detto, mi chiuderò gli occhi e le orecchie. Distrarrò tutti i miei sensi, cancellerò dalla memoria tutte le immagini che ho immagazzinato e cercherò di diventare più noto a me stesso.

Io sono un essere che pensa, che dubita, che nega, che conosce solo poche cose, che ne ignora molte, che odia, che vuole e che non vuole, che immagina, che ama e che sente. E che pur sapendo che tutte queste cose potrebbero anche non esistere, sa invece che esistono tutte dentro il suo cervello.

Conclusioni

Cerchiamo ora di capire che cosa ha rappresentato Cartesio per la storia del pensiero. Lui fece spostare di qualche centimetro Dio e la Fede per fare un po' di posto all'Uomo e alla Ragione, pur riconoscendo alla Religione tutti i meriti che le dovevano essere riconosciuti.

A proposito di Cartesio,

molti credono che le coordinate cartesiane siano una sua invenzione. Niente di più inesatto: le coordinate furono inventate molti anni prima e vennero usate dagli Egizi, dagli Arabi, dai Greci e dai Romani. C'è anche chi ne attribuisce l'invenzione a Ipparco, ad Archimede o ad Apollonio Pergeo. Lui, il nostro Cartesio, non fece altro che disegnarle in un saggio intitolato per l'appunto Geometria.

Io personalmente ne ho fatto un largo uso nel mio libro Così parlò Bellavista. *Le adoperai per dividere gli esseri umani in due categorie: quelli amanti della Libertà, che misi sull'asse verticale, e quelli amanti dell'Amore, che misi sull'asse orizzontale. A metà strada, nel quadrante limitato dai due assi, tutti gli altri.*

Thomas Hobbes (1588-1679)

II
Thomas Hobbes

Se Cartesio era un razionalista, Hobbes lo era molto di più, seppure a modo tutto suo. Le frasi che lo resero celebre furono: *homo homini lupus* («ogni uomo è un lupo nei confronti degli altri uomini») e *bellum omnium contra omnes* (i rapporti sociali altro non sono che «una guerra di tutti contro tutti»).

La vita

Thomas o Tommaso Hobbes nacque prematuro nel 1588 a Malmesbury. La madre era al settimo mese quando le dissero che da Lisbona era partito Filippo II con un'armata costituita da 130 navi, 30.000 uomini e 2400 cannoni. Le dissero anche che gli spagnoli avrebbero invaso l'Inghilterra e avrebbero violentato tutte le donne inglesi, che fossero o non fossero incinte, e tanto bastò per farla partorire con due mesi di anticipo. Alcuni anni dopo il filosofo scrisse che «lui e la paura erano nati gemelli». A parte la nascita, però, non ebbe un'infanzia facile. Il padre, un prete anglicano, era un incazzoso terribile. Dopo pochi anni abbandonò la moglie e i figli, e sparì per sempre. Dei ragazzini si prese cura uno zio paterno.

Comunque, a parte l'Invencible Armada, quelli erano

tempi difficili. Hobbes nel corso della vita ebbe modo di «assistere di persona» alla guerra dei Trent'anni (1618-48), alle lotte tra anglicani e presbiteriani, a un paio di guerre civili, alla decapitazione di Carlo I nel 1649 e alla salita al potere delle Teste rotonde di Cromwell. Nessuno di questi eventi, però, lo coinvolse più di tanto. Lui, da bravo filosofo qual era, si fece sempre i fatti suoi, e, ogniqualvolta la situazione diventava un tantinello preoccupante, faceva le valigie e se ne andava.

Studiò a Oxford dove conseguì il titolo di baccelliere delle arti. Quindi s'impiegò come precettore presso la famiglia dei Cavendish, per poi rimanerci, con tanto di vitto e alloggio, per più di trent'anni. Ebbe a tal punto successo come insegnante privato che insieme al suo unico allievo (il quasi coetaneo baroncino Cavendish) si recò in Francia, in Germania e in Italia. In Francia conobbe Pierre Gassendi e padre Marin Mersenne, che a sua volta gli presentò Cartesio. In Italia, infine, prese casa a Pisa, dove strinse una sincera quanto affettuosa amicizia con Galileo Galilei.

Conosceva il greco e il latino in pratica come l'inglese. Tradusse gli *Elementi di geometria* di Euclide, la *Guerra del Peloponneso* di Tucidide e tutte le opere di Omero, ma si rifiutò sempre di pubblicarne le traduzioni, probabilmente per disprezzo verso i contemporanei. Come carattere era quanto di peggio si possa immaginare. Era solito dire: «La vita mi fa schifo. Non penso ad altro che al suicidio». E difatti morì di morte naturale, nel proprio letto, a novantuno anni.

Le opere

Per più di mezzo secolo non pubblicò niente. Poi un bel giorno, forse perché sollecitato dal suo datore di lavoro barone Cavendish, scrisse un saggio intitolato *Ele-*

menti della legge naturale e politica. Le opere migliori, però, quelle che lo resero famoso, le tirò fuori tutte in età avanzata. Diede alle stampe, l'uno dopo l'altro, il *De corpore*, il *De cive*, il *De homine* e il *Leviatano*. A ottant'anni, infine, pubblicò il *Dialogo tra un filosofo e uno studente di diritto*, e a ottantadue il *Behemoth*, ovvero il racconto di una guerra civile.

Nel *De cive* mette a confronto i diritti del sovrano e i doveri del cittadino. Nel *De corpore* analizza la Materia e il Movimento, chiarendo che alla Fisica spetta lo studio della Materia, e alla Geometria quello del Movimento, per poi aggiungere che gli uomini sono soggetti a entrambi i fenomeni e peggio per loro se non hanno studiato. Nel *De homine*, infine, sostiene che, oltre ai problemi fisici, bisogna tener conto anche delle attività psichiche, ivi compresi il sentimento religioso, l'amicizia e l'amore.

La più importante delle sue opere fu però, senza alcun dubbio, il *Leviatano*. Il titolo lo prese a prestito dalla Bibbia, per la precisione dal XVI libro di Giobbe (41.25). Nel *Leviatano* Hobbes paragona lo Stato a un serpente attorcigliato dall'aspetto orribile. È un mostro, dice, che più di ogni altra cosa desidera il Potere, ossia il dominio assoluto su tutti i popoli. Dopodiché ce lo disegna come un fantoccio che ha nella mano destra una spada, nella sinistra uno scettro, in testa una corona e sul corpo, accatastati l'uno sull'altro, migliaia e migliaia di teschi.

Il pensiero

Per capire Hobbes basta tenere presente Gesù: sono l'uno il contrario dell'altro. Ogni uomo, dice il filosofo, desidera appropriarsi dei beni dei suoi simili e considera tutti gli altri uomini dei diretti concorrenti che lo vogliono fregare (*homo homini lupus*). E ciò avviene perché a fondamento dell'uomo vi è una *cupiditas naturalis* che lo oppone agli altri esseri viventi e agli altri uomini fino a quando la paura non lo costringe ad abdicare davanti allo Stato, il cui compito è quello di conciliare gli interessi del singolo con gli interessi comuni. Questo il nocciolo del suo pensiero, detto anche «egoismo hobbesiano».

Hobbes è convinto che una buona dittatura sia migliore di una cattiva democrazia. Il problema, piuttosto, sta nella misura: fino a un certo punto conviene la dittatura; oltre, invece, è preferibile l'anarchia. Lui, per indicare il limite da non superare, usa il termine Behemoth, ovvero il nome di un mostro che si nutre dei suoi stessi concittadini. Behemoth è il Non-Stato, o per meglio dire l'assenza della Legge.

Da notare un piccolo passo inserito nel saggio intitolato *Elementi della legge naturale e politica*. Dice Hobbes che quando un corridore vede cadere un avversario è naturale che gli venga da ridere. Gli animali, però, non ridono, a eccezione delle iene che emettono un suono pressoché simile al riso. E allora, mi chiedo, perché invece di *homo homini lupus* non ha detto l'*homo homini hyena*?

Altra sua idea fissa è l'importanza del corpo. Tutto quello che esiste, dice Hobbes, ha un corpo. Anche Dio, quindi, dovrebbe averlo. Immaginarcelo senza corpo sarebbe come mettere in dubbio la sua esistenza, e su questo tema e su quello del libero arbitrio litigò a lungo con il vescovo Bramhall.

Gli stavano antipatici Socrate, Platone, Aristotele, e soprattutto Diogene. In compenso, però, apprezzava Bacone, Cartesio e Galileo. Un giorno gli scappò detto che in futuro avrebbe voluto essere ricordato come il Galileo della politica.

Negli ultimi anni, in una lettera inviata al conte di Devonshire, esprime come massimo desiderio la morte di tutti i filosofi perditempo, e la sopravvivenza dei soli politici, gli unici, a suo dire, che meritassero di vivere. Ragionare, per lui, non era esaminare il mondo e magari rifletterci sopra, ma anche fare dei conti, ovvero sommare e sottrarre dei dati. Tutto il resto, ivi compresi i sentimenti, la poesia, la musica e le arti, altro non era che una perdita di tempo.

A proposito di Hobbes,

non posso fare a meno di rivolgere un pensiero affettuoso al mio adorato Socrate.

Anche Socrate era convinto che gli uomini considerassero nemici tutti gli altri uomini. A differenza di Hobbes, però, aveva capito che non conveniva fare del male ai propri avversari. Lui sosteneva il principio secondo il quale si vive meglio praticando il bene che il male. Se quasi nessuno se ne rende conto è perché la maggior parte degli uomini è ignorante e scambia l'avere con l'essere. Gli uomini cattivi, infatti, prima ancora di essere cattivi sono stupidi.

Fosse nato quattro secoli dopo, solo per questo pensiero, Socrate, invece di essere condannato a bere la cicuta, sarebbe stato crocifisso.

III
Blaise Pascal

Il piccolo Pascal, ogni volta che apriva bocca, diceva sempre «perché». A confidarcelo è sua sorella Gilberte: «Mio fratello, fin dalla più tenera età, ha dato sempre segni di straordinaria intelligenza, e non tanto per le risposte quanto per le domande». Insomma, era un bambino curioso. A volte il padre, Étienne Pascal, presidente della Commissione delle imposte, malgrado gli volesse un bene dell'anima, si stufava di starlo a sentire. «Blaise, adesso basta!» diceva. «Pensa a mangiare che la minestra si fredda.»

La vita

Blaise Pascal nacque a Clermont-Ferrand nel 1623. A tre anni rimase orfano di madre. Alla sua educazione provvide essenzialmente il padre. Il ragazzino si appassionava a qualsiasi cosa gli capitasse a tiro e in particolare alla geometria. Il matematico La Pailleur, amico di famiglia, un giorno rimase stupito da tanta precocità e lo introdusse nell'Accademia di padre Mersenne, la stessa che aveva già ospitato Cartesio. I membri di questa Accademia si riunivano una volta alla settimana, e, a turno, intrattenevano i presenti su un argomento di comune interesse.

Blaise Pascal (1623-1662)

«Mio fratello» racconta Gilberte «*non è stato mai in un collegio e, a parte mio padre, non ha mai avuto altri maestri. La sua curiosità, però, era inarrestabile. Una volta, ricordo, a tavola, qualcuno toccò il proprio piatto con un coltello. Ne venne fuori un rumore e lui volle subito conoscerne il motivo. Il giorno dopo ci scrisse sopra un trattato. Aveva dodici anni.*»

In quello stesso periodo ricostruì le proposizioni di Euclide e buttò giù un *Saggio sulle coniche*. A diciannove anni inventò il primo computer della storia, ovvero una macchina calcolatrice che, senza l'aiuto di una penna, riusciva a fare le somme e le sottrazioni.

«Quest'invenzione» scrive Gilberte «fa diventare meccanismo quello che per gli altri è solo un ragionamento.»

Pascal la inventò per aiutare il padre nel suo lavoro di funzionario delle imposte. Riuscì anche a farsela brevettare. Oggi la macchina è nota come *Pascaline* ed è visibile a Parigi nel Conservatorio delle Arti e dei Mestieri. L'avesse inventata tre secoli e mezzo dopo sarebbe diventato miliardario come Bill Gates.

Nel 1646 Pascal scoprì che l'aria pesava più del vuoto. Studiando le teorie di Evangelista Torricelli si accorse che in montagna, man mano che si saliva, la pressione diventava sempre più bassa. Fino a quel momento un po' tutti erano convinti che il vuoto non fosse realizzabile, quasi che «la natura ne provasse orrore». Poi, grazie a Dio, e grazie anche ad alcuni geni, come per l'appunto Torricelli, si riuscì a scoprire che si trattava solo di un problema di pesi. Blaise ci scrisse sopra un saggio intitolato *Trattato del vuoto*, di cui oggi, purtroppo, sono rimasti solo pochi frammenti.

Che ci si creda o no, anche Pascal ebbe il suo periodo mondano. Intorno al 1650 cominciò a frequentare una compagnia di perditempo tutta dedita a pranzi, feste e ubriacature, finché un brutto giorno cadde in una crisi mistica e non ne volle più sapere. A fargliela venire fu il vescovo di Ypres, un certo Giansenio. Costui era convinto che il peccato originale fosse alla base di tutti i guai e, quindi, anche di quelli che affliggevano Pascal. Certo è che Blaise da quel giorno divenne un misantropo, non accettò più la compagnia dei suoi simili e si rese inavvicinabile, o, come si diceva a quei tempi, «un solitario del convento di Port-Royal». L'unica persona con la quale riusciva a parlare era Jacqueline, la sorella minore, una santa donna che si era fatta suora in quella stessa abbazia.

Negli ultimi anni di vita Pascal scrisse un *Memoriale*, alcune frasi del quale furono trovate da un domestico il giorno in cui morì, cucite nel vestito che aveva indosso:

certezza certezza,
sentimento, gioia e pace,
oblio del mondo e di tutto
fuorché di Dio.
Rinuncia totale e dolce.

Morì nel 1662 e non aveva ancora quarant'anni.

Le opere

In quanto a scrivere, scrisse moltissimo, ma quasi sempre nel più totale disordine. Lasciava pensieri e riflessioni un po' dovunque, su fogli di carta, su tavolette di legno e perfino sulle pareti di casa. Dopo la sua morte, furono gli amici a raccogliere le frasi più belle e a metterle in un libro intitolato *Pensieri*.

I Pensieri

Gli argomenti sono i più vari. In tutti, però, c'è l'ammirazione per l'uomo. In uno, il 377, dice: «L'uomo è una canna: è la creatura più fragile che esiste in natura, è una canna, però, che pensa. L'universo, per schiacciarlo, non dovrebbe poi fare tanta fatica. Gli basterebbe una goccia d'acqua. Comunque, anche uccidendolo, resterebbe il migliore, se non altro perché è una canna che sa che deve morire mentre le altre canne non lo sanno».
I *Pensieri* sono 948. Io ne ho scelti trentacinque, un po' a caso in verità e un po' perché sono quelli che più mi hanno colpito. Altri, infine, perché erano famosi, tipo quello della scommessa o quello del naso di Cleopatra. Sono stati tratti, sintetizzati e rielaborati dall'edizione Einaudi.

3. Coloro che giudicano col sentimento non sono avvezzi a ragionare. Coloro, invece, che ragionano non sanno cosa sia il sentimento.
6. Quando si vuole correggere qualcuno bisogna prima capire da quale lato ha considerato la cosa, perché, magari, è proprio da quel lato che la cosa funziona, ma allo stesso tempo fargli notare per quale lato è falsa.
17. Ci sono persone che scrivono bene ma che non sanno parlare, e persone che sanno parlare ma che non sanno scrivere. È raro trovare qualcuno che sappia fare tutte e due le cose.
28. Chissà perché la simmetria viene colta sempre nella larghezza e mai nella profondità o nell'altezza.
31. Ci sono casi in cui Parigi viene chiamata Parigi e altri in cui viene chiamata «la capitale del regno».
39. È molto più bello sapere qualcosa di tutto che non tutto di qualcosa.
51. Cartesio avrebbe volentieri fatto a meno di Dio, ma non

ha potuto negare che almeno all'inizio una mano per muovere il mondo l'ha data.

67. Se si è troppo giovani non si giudica bene. Se si è troppo vecchi, nemmeno. Lo stesso accade per i quadri, a seconda che uno li veda troppo da vicino o troppo da lontano.

76. Due visi somiglianti, nessuno dei quali da solo ci fa ridere; visti insieme, l'uno accanto all'altro, possono suscitare il riso.

118. Gli uomini odiano la religione e temono che sia vera. Bisognerebbe convincerli che essa non è contraria alla ragione e che è degna d'amore, per far sì che i buoni desiderino che sia vera e poi dimostrare loro che è vera.

127. Tre sono i supporti della fede: l'abitudine, la ragione e l'ispirazione.

128. Due errori da non fare: mai escludere la ragione e mai fidarsi solo della ragione.

134. Molti credono per superstizione, molti non credono per libertinaggio, pochi, infine, stanno tra questi due estremi e aspettano.

142. La fede è un dono di Dio.

147. Quale differenza c'è tra conoscere Dio e amarlo?

161. È incomprensibile che Dio esista, ma è anche incomprensibile che non esista. E così dicasi per l'anima e per la creazione del mondo.

163. Basta un'unità per far diventare dispari quello che prima era pari e viceversa. Solo l'infinito non cambia nome aumentandolo di un solo numero.

164. Conviene scommettere sull'esistenza di Dio: se c'è si vince e se non c'è non si perde nulla.

177. Gli uomini sono nati per pensare, ma in genere pensano a ballare, a suonare, a cantare, a giocare, a battersi, a diventare capi di Stato, e mai a cosa vuol dire essere uomo.

178. Ci sono tre specie di persone: quelle che servono Dio perché lo hanno trovato, quelle che lo cercano perché non lo

hanno trovato, e quelle che vivono senza cercarlo. Le prime sono felici e intelligenti, le seconde infelici e intelligenti, le ultime infelici e stupide.

188. Affinché la passione non ci nuoccia, facciamo come se ci restassero solo otto giorni di vita.

195. L'ultimo atto è davvero terribile: ci gettano un po' di terra addosso e tutto finisce lì.

211. Una volta molte stelle non esistevano solo perché non erano stati inventati i cannocchiali. Le Scritture sostenevano che gli astri erano mille e ventidue.

220. Come è breve la vita se messa al confronto con l'eternità.

224. Quando si legge troppo in fretta si rischia di non capire nulla. Lo stesso capita quando si legge troppo lentamente.

226. Senza vino o con troppo vino la verità sfugge.

229. L'intelletto è predisposto a credere, il cuore ad amare. In mancanza di amori veri, a volte ci si volge agli amori falsi.

261. Siamo così presuntuosi che vorremmo essere riconosciuti da tutti e ci offendiamo se qualcuno non ci riconosce.

275. Il tempo lenisce i dolori e placa i dissensi, se non altro perché non siamo più gli stessi.

287. Se Cleopatra avesse avuto un naso più corto, tutta la storia sarebbe cambiata.

291. Non è vergognoso per un uomo soccombere sotto il dolore. È vergognoso, invece, soccombere sotto il piacere.

303. Voi mi uccidete perché abito sull'altra riva, e per questo siete considerati degli eroi. Se, invece, io abitassi sulla vostra riva sareste considerati tutti degli assassini.

315. Regina del mondo è la forza e non l'opinione. Alla fine, però, è sempre l'opinione a fare la forza.

348. Gli uomini, non potendo evitare la morte, la miseria, l'ignoranza, hanno deciso di non pensarci.

350. Il movimento è vita, il riposo è morte.

352. Nulla è così noioso come vivere senza avere niente da fare.
375. Posso immaginare un uomo senza piedi o senza mani. Non posso immaginare un uomo senza cervello. Rassomiglierebbe a una pietra o a un bruto.
386. La duplicità dell'uomo è così evidente che per alcuni ha addirittura due anime.
387. Desideriamo la verità e troviamo l'incertezza. Cerchiamo la felicità e troviamo la morte.
445. Dicono gli stoici: rientrate in voi stessi e sarete sereni. Dicono gli altri: uscite da voi stessi e sarete felici. La felicità non è né in noi né fuori di noi: è in Dio, ossia fuori e dentro di noi.
451. False sono le religioni che non hanno un unico Dio.

Su questi pensieri si potrebbero scrivere altre centinaia di riflessioni. Il libro, però, diventerebbe troppo lungo e perderebbe il suo scopo principale, che è quello di fare un ritratto dei filosofi più significativi vissuti fra l'epoca di Cartesio e quella di Kant.

Tuttavia ci sono degli altri pensieri, che magari non sono profondi come i precedenti, pur avendo dentro un qualcosa di poetico. Proveremo a elencarli.

9. I fiumi sono strade che camminano.
13. L'eloquenza è una pittura del pensiero.
22. La dimostrazione è l'oggetto della geometria, la guarigione è l'oggetto della medicina, ma non si conosce ancora che cosa sia il diletto che è l'oggetto della poesia.
60. Una città e una campagna, viste da lontano, sono una città o una campagna. Viste da vicino, sono case, alberi, tegole, foglie, erbe, formiche e zampe di formiche.
139. Il supremo passo della ragione sta nel credere che può essere superata da un'infinità di cose.

152. *Dio piega i cuori di coloro che Egli ama e di coloro che lo amano.*

269. *Un nonnulla ci consola e un nonnulla ci distrugge.*

299. *Gli uomini sono in genere così pazzi che il non essere pazzo significherebbe soffrire di un altro genere di pazzia.*

A proposito di Pascal,

c'è uno dei pensieri che ho fatto mio: è il pensiero numero 354, quello sui viaggi.

Tutta l'infelicità del mondo dipende dal fatto che nessuno vuole stare a casa sua.

Per capirlo basta pensare alle guerre, alle crociate, al Titanic e alle file chilometriche che si creano sulle autostrade nel mese di agosto. Io, ogni volta che salgo su un'auto, paragono i motivi che mi hanno spinto a viaggiare agli inconvenienti che mi aspettano. Dipendesse da me, farei installare su tutti i caselli delle autostrade degli enormi display con su scritto:

SIETE SICURI DI VOLER
FARE QUESTO VIAGGIO?
CI AVETE PENSATO BENE?
E SE INVECE VE NE
TORNASTE INDIETRO?
SIETE ANCORA IN TEMPO.

Certo è che il momento più bello di un viaggio è quando si riapre la porta di casa.

IV
Baruch Spinoza

Volendo fare una torta spinoziana questi dovrebbero essere gli ingredienti: una base metafisica tutta zeppa di principi morali, una crema panteistica ricca di ragionamenti e una decina di candeline cartesiane sistemate tutto intorno con al centro una rosa chiamata Sostanza. Come dire, un dolce che abbia nel medesimo tempo un sapore razionale e un'apparenza religiosa.

La vita

Per capire Spinoza è necessario rendersi conto di cosa volesse dire vivere in Spagna e in Portogallo all'inizio del XVII secolo. L'intolleranza religiosa era al suo massimo splendore e impediva a chiunque di professare una fede, a meno che non fosse quella cattolica. I genitori di Spinoza, entrambi ebrei, per sfuggire alla Santa Inquisizione furono costretti prima a convertirsi e poi a espatriare. Ora, all'epoca, tutti quelli che si convertivano al cristianesimo venivano chiamati spregiativamente «marrani» ed erano di continuo sospettati di eresia. Il che voleva dire rischiare, un giorno sì e un giorno no, di essere impiccati tra una folla di fedeli esultanti. Loro, però, gli Spinoza, una volta arrivati in Olanda, tornarono a pro-

Baruch Spinoza (1632-1677)

fessare la fede ebraica e a frequentare la Sinagoga. Ed è a questo punto che nasce ad Amsterdam il nostro piccolo Baruch (o Benedetto) de Spinoza, uno dei più grandi geni del Seicento. Siamo nell'anno di grazia 1632.
Spinoza collezionò la più alta raccolta di male parole che abbia mai avuto un filosofo. A Lipsia il celebre professor Thomasius (1655-1728) lo definì «un orrido mostro blasfemo». Il professor Sturm di Norimberga, invece, preferì chiamarlo «lurida bestia dalle concezioni esecrabili» e tutto questo solo perché era leggermente ebreo. L'intolleranza religiosa allora doveva essere ai massimi livelli.
Lui, poverino, più che un teologo ebraico, era un libero pensatore. A parte Cartesio, infatti, di cui si sentiva l'erede naturale, ammirava Cicerone, Orazio e Seneca. Studiò tutti i testi religiosi e misterici che riuscì a trovare, dalla Bibbia alla Cabala e al *Talmud*. Era, però, anche un religioso sui generis: credeva e dubitava nel medesimo istante. E anche gli ebrei di stretta osservanza, a quei tempi, non andavano troppo per il sottile. Nel 1656, quando Spinoza non aveva ancora compiuto venticinque anni, lo cacciarono dalla Sinagoga con la seguente motivazione:

> *Col giudizio degli angeli e la sentenza dei santi noi dichiariamo Baruch de Spinoza scomunicato, maledetto, esecrato ed espulso, pronunciando contro di lui tutte le maledizioni possibili scritte nel Libro delle Leggi. Che sia maledetto di giorno e di notte. Che sia maledetto quando si alza e quando si corica. Che possa il Signore mai più perdonarlo. Che il suo nome sia cancellato da tutte le tribù di Israele e che non possa mai andare in cielo.*

La sua colpa maggiore era quella di dubitare. Un giorno gli offrirono addirittura uno stipendio di mille fiorini l'anno perché la smettesse di mettere in dubbio la fede ebraica, e lui li rifiutò con sdegno. Allora assoldarono un killer perché lo pugnalasse. Grazie a Dio, però, ci rimise solo un lembo del mantello. Qualche anno dopo lasciò Amsterdam e si trasferì a L'Aia per poi restarci fino alla fine dei suoi giorni. Nel frattempo aveva imparato a tagliare e pulire le lenti. Divenne un valente ottico e si guadagnò da vivere facendo l'artigiano. Del resto, come si è capito, non era un avido, anzi, mostrava un certo distacco dal denaro. Una volta uno dei suoi allievi, un certo Simone de Vries, gli lasciò in eredità un sacco di soldi e lui, pur ringraziando, ne accettò solo una minima parte. Cagionevole di salute, non volle mai sposarsi. Morì di tubercolosi nel 1677 a soli quarantacinque anni.

Le opere

La prima cosa scritta da Baruch de Spinoza fu un *Breve trattato su Dio, sull'uomo e sulla felicità*. Opera questa mai pubblicata per evitare i fulmini delle autorità ecclesiastiche, ma poi ritrovata quasi due secoli dopo. Seguirono il *Trattato sulla riforma sull'intelletto* e il suo capolavoro assoluto: l'*Ethica ordine geometrico demonstrata* (1661-65).

In tutte queste opere, che venga o no nominato, c'è sempre Cartesio. Ricordiamo, infine, l'*Emendazione dell'intelletto*, i *Principi della filosofia cartesiana*, i *Pensieri metafisici*, le *Lettere* e il *Trattato teologico-politico* (1670).

Il pensiero

Volendo ora, come sempre, riassumere il pensiero del filosofo in un'unica frase, fra le tante che ha scritto sceglierei quella dove dice «*Deus sive natura*», ovvero «Dio e la Natura sono la stessa cosa». A volte, afferma Spinoza, una foglia di lattuga è capace di farci intuire la grandezza di Dio più di quanto non riesca una notte stellata, e questo perché il segreto della creazione si trova contemporaneamente sopra le nostre teste e sotto i nostri piedi. A parte, però, l'ammirazione per la Natura, ci chiediamo perché abbia tanto insistito sui benefici della geometria. Il fatto è che a lui stavano sulle scatole sia le lezioni noiose e prolisse dei rabbini sia le disquisizioni retoriche degli scolastici. La geometria, invece, nella sua essenzialità, tende alla sintesi e si conclude sempre con la frase «come volevasi dimostrare». Che poi si capisca o non si capisca è tutto un altro discorso. Di fronte a un triangolo è difficile mettersi a sofisticare. L'importante, dice Spinoza, è *nec ridere, nec lugere, neque detestari, sed intelligere*, ovvero non scherzare, non piangere, non odiare, ma capire quello che c'è da capire.

Tema centrale della filosofia di Spinoza è il concetto di Sostanza (scritto, mi raccomando, con la S maiuscola). Per lui la Sostanza è nel medesimo tempo pensiero e realtà fisica. Nel primo caso si chiama *res cogitans*, e ha le funzioni del Creatore; nel secondo caso, invece, si chiama *res extensa*, e s'identifica con il creato. E anche noi, poveri disgraziati, in quanto fatti sia di anima che di corpo, a volte siamo *cogitans* e altre volte *extensa*. Chissà, mi domando, se quando facciamo l'amore siamo più *res cogitans* o più *res extensa*? Con ogni probabilità tutto dipende dalla persona con la quale dividiamo il nostro tempo.

Nella sua *Ethica* Spinoza tratta cinque argomenti: Dio, la Natura, gli Affetti, la Schiavitù e la Libertà.
Su ciascuno di questi temi ci offre delle definizioni, a volte illuminanti e altre volte meno. Comunque, illuminanti o non illuminanti che siano, ecco quelle che più mi hanno colpito.

– *Per causa bisogna intendere quella essenza che implica l'esistenza.*
– *Ogni cosa può essere limitata da un'altra cosa della stessa natura. Un corpo può essere limitato da un corpo. Un pensiero da un pensiero. Un corpo, invece, non può essere limitato da un pensiero o viceversa.*
– *Per Dio bisogna intendere l'Ente assolutamente infinito, cioè la Sostanza dagli attributi infiniti.*
– *Da una causa può nascere un effetto. Senza una causa non può nascere nulla.*
– *Se due cose non hanno nulla in comune, è impossibile che da una cosa sia nata l'altra.*
– *Al di là di Dio non è concepibile alcuna sostanza.*
– *Per corpo bisogna intendere un'estensione di Dio.*
– *Per Idea un concetto della mente.*
– *La durata è la continuazione dell'esistere.*
– *L'uomo pensa.*
– *Il pensiero è un attributo di Dio.*
– *Un corpo è composto da moltissimi individui.*
– *Degli individui che compongono un corpo alcuni sono fluidi, alcuni molli e altri duri.*
– *Dicesi schiavitù l'incapacità umana di dominare gli affetti.*
– *Il bene è tutto quello che è utile.*
– *Il male è tutto quello che c'impedisce di raggiungere il bene.*

E si va avanti così per un paio di centinaia di pagine. I pensieri a volte sembrano illuminanti, altre volte, invece, retorici.

A proposito di Spinoza,

trovo difficile da capire il concetto di Sostanza. Guai a identificarlo con l'Essere. Noi siamo stati abituati da sempre, o per meglio dire da Parmenide in poi, a distinguere l'Essere dal Non Essere, l'Essere dal Divenire, l'Essere dall'Apparire e, infine, l'Essere dall'Avere. Questa volta, però, per colpa di Spinoza, non abbiamo un contraltare da opporre alla parola Sostanza, un nemico da odiare. Gli esperti ci dicono che la Sostanza è tutte e due le cose insieme: sia l'Essere che il Non Essere. Sarà, dico io, ma non ne sono convinto. Nel frattempo mi arrangio con quella frase che sento spesso dire in giro: «In sostanza ti dico» *che in pratica vuol dire* «a prescindere da tutte le altre cose, la verità sta nel fatto che...». *Se poi la spiegazione non vi basta procuratevi il libro di Cassirer intitolato* Storia della filosofia moderna, *edizione Newton Compton, e andate a pagina 221.*

John Locke (1632-1704)

V
John Locke

In anticamera ho due filosofi inglesi: quello con i capelli grigi che si chiama Locke, e quello con i capelli neri che si chiama Newton. Sono entrambi preoccupati perché sto per inserirli nella mia *Storia della filosofia moderna*. Hanno paura di essere travisati o comunque di non essere trattati secondo i propri meriti. «Mi raccomando» ha detto il più anziano, «non la racconti quella storia del falso medico.»

La vita

John Locke venne al mondo nel 1632 a Wrington, nei dintorni di Bristol, nello stesso anno in cui nacque Spinoza. Oltre che filosofo, Locke era anche uno dei maggiori esponenti politici del suo tempo. Aveva frequentato le migliori scuole del Regno Unito (Oxford, Westminster e Cambridge) e aveva studiato Medicina senza però mai riuscire a prendersi la laurea. Ciò non toglie che per un paio di anni esercitò la professione di medico e di chirurgo. Poverini quelli che finirono nelle sue mani.

Suo padre era stato un feroce avversario della monarchia e anche lui si era sempre dichiarato un nemico del potere assoluto. A vent'anni divenne il segretario personale di lord Ashley, fondatore del *Wigh*, il partito liberale inglese. Sennonché, nel 1675, a seguito di una congiura andata male, fu costretto a espatriare. Si recò prima in Francia, poi in Olanda, e infine se ne tornò in Inghilterra al seguito di Guglielmo d'Orange e della sua gentile signora, la bella principessa Maria. Comunque, a parte questi piccoli deragliamenti, restò sempre un liberale, e ancor oggi è possibile trovare alcune delle sue idee nella Costituzione inglese, e, perché no?, anche in quella americana.

Morì il 28 ottobre del 1704 nel castello di Oates, nella contea di Essex, a pochi passi da Londra, ospite come sempre di un lord di cui ora mi sfugge il nome.

Le opere

Il suo capolavoro assoluto è il *Saggio sull'intelletto umano scritto da John Locke gentiluomo* (1690). Per quanto riguarda il resto citerò nell'ordine: la *Lettera sulla tolleranza* (1689), i *Due trattati sul governo*, i *Pensieri sull'educazione* e *La ragionevolezza del cristianesimo* (1695).

Il Saggio sull'intelletto umano

Locke studia la mente umana in quanto tale senza ricorrere all'aiuto della metafisica. Il suo *Saggio sull'intelletto umano* può essere considerato il primo tentativo serio di studiare l'animo umano con un metodo elementare, quasi da ingegnere. Come già fece il suo compaesano Francesco Bacone, Locke considera l'esperienza la condizione prima per arrivare alla conoscenza. Nel medesimo tempo, però, si distingue da Bacone (e quindi da Cartesio) per la misura dei desideri. In altre parole si accontenta di quello che sa e non pretende di raggiungere il Sapere Universale.

Conoscere con esattezza la lunghezza di una fune consente a un marinaio di scegliere le insenature dove è possibile ancorare e quindi, in definitiva, anche il percorso migliore per raggiungere la meta finale.

Nel caso nostro la fune sarebbe l'intelletto e le insenature le cinque domande a cui bisogna rispondere prima d'intraprendere il viaggio.

– Che cosa è l'intelletto?
– Quale la sua origine?
– Quale la sua estensione?
– Come gli arrivano le idee?
– Le idee sono innate o vengono dall'esperienza?

Ed ecco le risposte.
Ogni conoscenza deriva dalle sensazioni, che a loro volta si suddividono in *primarie* e *secondarie*. Le prime ci forniscono le idee semplici, quelle che appartengono agli oggetti, tipo la forma e l'estensione. Le seconde, invece, appartengono a noi esseri umani, come il sapore e l'odore, e sono diverse da persona a persona.

Riassumendo: le idee nascono grazie alle sensazioni e si perfezionano col tempo e con la riflessione. Come dire che prima «sentiamo» e poi «ragioniamo». E sono proprio questi ultimi tipi di idee a distinguerci dagli animali.

A questo punto il nostro filosofo ha paura di essersi allargato troppo e vorrebbe desistere, poi, però, ci ripensa e conclude dicendo:

Voler dubitare di tutto, solo perché non è possibile conoscere tutte le cose del mondo, sarebbe come rinunziare alle gambe solo perché non abbiamo le ali per volare.

Nel primo libro, una volta terminata l'introduzione, si chiede se l'idea di Dio sia innata o se ci arrivi dall'esterno. Certo è che non tutti ce l'hanno. I bambini, ad esempio, gli idioti e i selvaggi, solo per citarne alcuni, ne sono sprovvisti. Dopodiché si convince che è sufficiente la ragione per arrivare a qualcosa che somigli all'idea di Dio. Il fatto è che tutti quanti desideriamo la felicità e abbiamo paura del dolore. Questi due stati d'animo ci spingerebbero a essere buoni, ma a causa di alcune circostanze esterne, quali l'appartenere a popoli diversi, il lottare per il potere o per la nostra sopravvivenza, finiscono, a volte, col farci diventare malvagi.

La Lettera sulla tolleranza

Scritta prima in latino con il titolo di *Epistula de tolerantia*, poi in olandese e infine in francese, è più un documento politico che non un messaggio morale. Dice in sostanza Locke:

La reciproca tolleranza è la vera essenza della religione cristiana. Mi accorgo, invece, che molti cristiani, anche se preti, coltivano la propria religione esclusivamente in funzione del potere. Ora, perché si sappia, la carità, la benevolenza e la mansuetudine verso tutti gli esseri umani, a qualsiasi religione essi appartengano, testimoniano la vera fede, l'unica che è degna di esistere. La religione non ha come obiettivo lo sfarzo esteriore, né il dominio sui popoli. Quindi, chi vuole militare nel nostro partito deve per prima cosa rinunciare ai propri vizi, alla propria superbia e al proprio piacere.

Conclusioni

Riassumendo, per Locke la mente umana, o l'intelletto se preferite, nel giorno della nascita è una lavagna sulla quale non è scritto nulla: una *tabula rasa*, per dirla in latino. Poi, grazie ai sensi e all'esperienza, attimo dopo attimo, si riempie di segni. «*Nihil est in intellectu*» dice Locke «*quod prius non fuerit in sensu.*» Traduzione: «Non c'è nulla nel nostro cervello che prima non sia stato rilevato dai sensi». Ciò detto, Locke è passato alla storia come il fondatore dell'empirismo.

Ma che vuol dire empirismo? In greco la parola *empeiría* vuol dire esperienza, ovvero conoscenza basata sui sensi. Importantissimo, quindi, il rapporto che ognuno di noi ha con l'ambiente circostante. Locke è convinto che tutto quello che ci capita nei primi dieci anni di vita sia determinante ai fini del nostro carattere e del nostro avvenire. Beati coloro che all'inizio hanno avuto i genitori giusti, gli amici affettuosi e i maestri intelligenti (soprattutto i maestri). Oggi, se siamo quelli che siamo, lo dobbiamo a loro: ai genitori, agli amici, ai maestri, agli studi, ai piaceri, ai dispiaceri e ai libri che abbiamo letto.

Il segno astrologico non conta niente. Questo Locke non lo dice, ma lo aggiungo io.

A proposito di Locke,

l'unico appunto che mi sento di fargli è quello di aver immaginato l'intelletto umano come un dispositivo identico in tutti gli uomini, salvo poi differenziarsi man mano che si va avanti nella vita. Non è vero che tutti desiderano la felicità e che hanno paura del dolore, così come sostiene il paragrafo sette del Saggio sull'intelletto umano. *Esistono, invece, individui che vogliono addirittura il contrario. Quello che oggi accade in Palestina e in Iraq ne è la testimonianza: molti arabi hanno dentro un odio verso gli stranieri che supera qualsiasi altro sentimento. Il dolore è perfino desiderato se è in grado di produrre un dolore ancora più grande nel nostro nemico. Promettere a costoro la democrazia è fatica sprecata.*

Vivessi in Iraq, avrei già scritto, se non altro per fare dei soldi, una Lettera sull'intolleranza.

VI
Isaac Newton

Lui se ne stava in santa pace, sdraiato sotto un albero, forse pensando a una bella ragazza che aveva appena visto quella mattina in chiesa, quando una mela gli cadde sulla testa. Non ci stette a pensare più di un secondo: scappò subito a casa e scrisse i *Philosophiae naturalis principia mathematica* (1687). Ora io non so se le cose siano andate veramente così, so solo che fu una sua nipote a raccontarle a Voltaire che a sua volta le raccontò al resto del mondo.

La vita

Isaac Newton nacque a Woolsthorpe nel 1642, lo stesso anno in cui moriva Galileo. Fu quasi un cambio di guardia tra astronomi: uno saliva e l'altro scendeva. Entrò al Trinity College di Cambridge ed ebbe come maestro il grande Isaac Barrow (1630-77). Costui si accorse subito della predisposizione dell'allievo per la matematica e fece leggere i suoi compiti a tutti i colleghi. Sennonché, un'epidemia di peste costrinse il nostro giovanotto a tornare nella sua vecchia casa di campagna e fu lì che avvenne il famoso episodio della mela. È lui stesso a raccontarcelo:

Isaac Newton (1642-1727)

L'idea dell'attrazione dei gravi mi venne nei due anni della peste, tra il '65 e il '66. Ero nel fiore degli anni e amavo la matematica e la fisica più di quanto non avessi mai amato nessuna altra cosa al mondo.

In campagna, comunque, non ci rimase per molto: attese che l'epidemia cessasse, dopodiché (nel 1669) se ne tornò a Cambridge dove gli venne assegnata la cattedra di matematica, la stessa che Isaac Barrow aveva lasciato per occupare quella di teologia.

Il suo campo d'interessi non aveva limiti: si occupò di ottica, di cannocchiali, della scomposizione della luce attraverso un prisma, di calcolo infinitesimale, del moto dei corpi, dell'attrazione degli astri e di tante altre cose, finché la Royal Society di Londra non lo nominò suo membro onorario. È inutile dire che questa nomina suscitò l'invidia di molti suoi colleghi, tra cui l'astronomo e fisico Robert Hooke (1635-1703). Costui affermò che le orbite dei pianeti erano circolari e Newton lo sbugiardò davanti a una platea di studenti dicendo che erano ellittiche. Il mese dopo litigò, quasi a male parole, con il fisico olandese Christiaan Huygens (1629-1695) a causa della composizione della luce. Per Huygens i raggi del Sole erano ondulatori, mentre per Newton erano corpuscolari.

Infine, nel 1692, Dio solo sa perché, Newton si dette alla politica, e venne nominato prima direttore della Zecca, e poi, per due legislature di seguito, parlamentare del Regno Unito. Queste attività, però, non lo allontanarono mai dal suo primo amore: l'astronomia.

Negli ultimi anni di vita cadde vittima di un forte esaurimento nervoso. Lui e Leibniz, sempre per colpa del calcolo infinitesimale, si accusarono a vicenda di plagio, e un brutto giorno, durante una riunione di scienziati alla Royal Society, venne preso da un attacco isterico. Tornò a casa di corsa, a Kensington, si sdraiò sul letto e morì d'infarto. Era il 1727. Fu sepolto nell'Abbazia di Westminster. Si dice che uno dei portatori della bara sia stato proprio Voltaire.

Le opere

Come già detto, la sua attività di saggista cominciò nel 1687 con i *Philosophiae naturalis principia mathematica*, per poi continuare, molti anni dopo, con l'*Ottica* (1704) e con l'*Arithmetica universalis* (1707).

Le scoperte

A parte la mela, Newton intuì che se la Luna non se ne va a spasso per tutto l'Universo è solo perché un qualche cosa la obbliga a ruotare intorno alla Terra. Ebbene, lui questo qualche cosa lo chiamò «*gravitazione universale*». Ma non basta: scoprì anche che l'attrazione è inversamente proporzionale al quadrato della distanza che separa i due corpi. Come abbia fatto, poi, a calcolarla dal suo terrazzo, non l'ho mai capito.

Le leggi fondamentali della fisica, quelle che dobbiamo a Newton, sono tre:
1) Ogni corpo persevera nel suo stato di moto rettilineo, o di quiete, a meno che non sia costretto da una forza esterna a modificare il percorso (legge d'inerzia).
2) Il cambiamento di moto è sempre proporzionale alla forza che lo modifica (proporzionalità tra accelerazione e forza disturbante). È la famosa legge che è stata espressa poi con la formula: forza = massa x accelerazione.

3) A ogni azione corrisponde una reazione uguale e contraria (principio di uguaglianza tra le azioni in conflitto). La gravitazione universale, però, non fu scoperta solo da Newton. Già duemila anni prima che lui nascesse ne avevano parlato Anassagora, Empedocle, Democrito, Platone e Aristotele. Si erano accorti della caduta verso il basso dei gravi e della salita verso l'alto dei leggeri, e quindi avevano cominciato a fare delle ipotesi. Dissero che una mela cade verso il basso perché è più pesante dell'aria, e che il fuoco sale verso l'alto perché desidera raggiungere il cielo che è ancora più leggero. Come dire che ognuno cerca il proprio simile e fugge dal suo dissimile. Alla fine, poi, ci fu qualcuno, se non sbaglio Empedocle, che definì queste due tendenze: amore e odio.

Dal punto di vista filosofico Newton riveste una notevole importanza per la sua metodologia scientifica (basata su una metafisica razionalistica) che influì sull'empirismo inglese, sull'illuminismo francese e sul Kant della *Critica della ragion pura*.

A proposito di Newton,

mi piacerebbe sapere perché la mela cade e la Luna no. Il mio insegnante del liceo, il professor Signore, mi spiegò che la Luna non cade perché ha una sua velocità tangenziale che le impedisce di cadere, e io obiettai che a lungo andare questa velocità sarebbe diminuita, ragione per cui prima o poi la Luna ci sarebbe caduta addosso. «Sì» ammise lui, «però non subito subito, o, comunque, non durante questa vita.» Mi tranquillizzai, ma fino a un certo punto. Da quel giorno non ho più guardato la Luna come la guarda un poeta.

VII
Nicolas de Malebranche

Nel Seicento fare andare d'accordo la ragione con la fede era come mettere in una stessa pentola un litro di acqua bollente (sant'Agostino) e un blocco di ghiaccio (Cartesio). Eppure Malebranche ci riuscì. Vediamo come.

La vita

Nicolas de Malebranche nacque a Parigi nel 1638, ultimo di dodici figli. Essendo alquanto malandato di salute si fece tutte le scuole elementari a casa, poi, una volta diventato maggiorenne, s'iscrisse ai corsi di filosofia della Sorbona. A questo punto un suo zio prete, un canonico di Notre-Dame, per sottrarlo alle tentazioni della vita parigina lo inserì in una confraternita religiosa, quella dei Padri Oratoriani. Si trattava di un gruppo di nobili bigotti che si dedicavano esclusivamente alla meditazione e alla preghiera. A ventidue anni ne uscì sacerdote e tutto sarebbe andato per il meglio se non avesse preso una cotta formidabile per Cartesio.

Un giorno stava passeggiando in quai des Augustins quando un libraio amico lo bloccò all'uscita della libreria.

«Ciao, Nicolas, come stai?»

«Bene, e tu?» rispose lui.

Nicolas de Malebranche (1638-1715)

Nicolas de Malebranche 59

«Ma lo hai letto l'ultimo libro di Cartesio?»
«No, quale?»
«Quello sull'uomo. Quello sulla ragione. Cartesio lo scrisse venti anni prima di morire, poi se la fece sotto e non ebbe il coraggio di pubblicarlo. Dopo quello che era successo a Galilei c'era il rischio che glielo bruciassero in piazza. Oggi, invece, sono stati i suoi allievi a pubblicarlo.»
E fu così che Malebranche, nel 1664, lesse il *Trattato sull'uomo* di Cartesio. Dopodiché si convinse di essere proprio lui il protagonista del libro, lui con tutti i suoi difetti e tutti i suoi dubbi. Capì, ad esempio, che nella vita la ragione gli poteva essere più utile della fede, e se ne convinse a tal punto che a volte era costretto a chiudere il libro «per non farsi prendere dall'eccitazione».
Morì nel 1715.

Le opere

Da ricordare soprattutto la sua prima opera: la *Ricerca della verità* pubblicata nel 1675, a cui seguirono l'uno dopo l'altro il *Trattato della natura e della grazia* (1680), il *Trattato sulla morale* e soprattutto le *Conversazioni sulla metafisica*, dove riepiloga, per chi non le avesse ancora capite, tutte le sue idee.

Il pensiero

Anche Malebranche ebbe i suoi bravi nemici. Prima un certo Foucher che lo accusò di eresia, poi il gesuita Le Valois che lo attaccò sul concetto di «eucaristia», e infine un fetentone di nome Arnauld che riuscì a mettere all'Indice tutti i libri che lui aveva scritto. Insomma, come spesso capita agli autori di successo, più le sue opere piacevano al pubblico e più lui veniva attaccato dai critici.

Ma qual era il suo tema preferito? Era la contrapposizione tra l'Anima e il Corpo o, per dirla con Cartesio, tra la *res cogitans* e la *res extensa*. Lui, Malebranche, era convinto che sia l'Anima che il Corpo si facessero ognuno i fatti propri. E a questo riguardo scrive:

Non esiste alcun rapporto di causalità tra un Corpo e uno Spirito, né tra un Corpo e un altro Corpo. Nessuna creatura, insomma, può agire su un'altra. Che poi Dio desideri questa unione, per me è sempre stato un mistero.

L'Anima, precisa Malebranche, pensa a Dio mentre il Corpo si dedica alle cose pratiche di ogni giorno. Il guaio è che mentre sul Corpo sappiamo tutto, sull'Anima non sappiamo quasi niente. Sappiamo solo che esiste. E come facciamo a saperlo? Lo «sentiamo». E come riusciamo a «sentirlo»? E qui riciccia Cartesio: «Be'... se penso che esiste... vuol dire che esiste».

A proposito di Malebranche,

e della distinzione tra Anima e Corpo, propongo al lettore un breve racconto di fantascienza allo scopo di capire in quale parte del corpo si sia ficcata l'anima.

Lo sceicco Imm Hortal, di anni cinquanta, un bel giorno decide di farsi clonare. Un suo amico gli aveva detto: «Caro Imm, tu sei straricco. Ti conviene farti clonare in modo d'avere sempre a disposizione un corpo per eventuali trapianti. Per te sarebbe una specie di magazzino ricambi. Un domani... che so io... ti serve un fegato, un cuore, un rene... ebbene no problem, non dovresti far altro che prelevarlo dal tuo clone e fartelo montare».

Imm segue il consiglio: assume a suon di dollari un'équipe di chirurghi bravissimi e crea un clone a sua immagine e somiglianza. Dopodiché lo confina in una villa isolata in modo che nessuno lo venga a sapere. Poi, giunto a settant'anni, si rende conto che, grazie ad Allah, non ha mai avuto bisogno di un trapianto, e allora che fa? Si fa trapiantare il cervello, quello suo, nel corpo del clone, e ricomincia a vivere come se avesse di nuovo vent'anni. Non solo: spera anche di poterlo fare una seconda volta dopo altri cinquant'anni. Per lui la clonazione è la scoperta dell'immortalità. Non a caso il suo nome, Imm Hortal, letto tutto di seguito vuol dire «immortale».

A questo punto ci si chiede: dov'è finita l'anima di Imm? Sta nel vecchio corpo, quello che ha fatto rottamare, o in quello nuovo, o nel cervello che è rimasto sempre lo stesso?

Gottfried Wilhelm Leibniz (1646-1716)

VIII
Gottfried Wilhelm Leibniz

Una volta in Germania esisteva un'associazione segreta chiamata dei Rosacroce dove si praticava il principio: «Io aiuto te, tu aiuti me, e tutti e due freghiamo gli altri». I Rosacroce si vantavano di gestire il potere politico, di fabbricare metalli preziosi, di curare i malati incurabili e perfino di resuscitare i morti. Erano in pratica la Massoneria del XVII secolo. Leibniz, come ne seppe l'esistenza, corse subito a iscriversi.

La vita

Gottfried Wilhelm Leibniz nacque a Lipsia nel 1646 e morì ad Hannover nel 1716. Imparò il latino tutto da solo. Aveva in casa un libro di Tito Livio e tanto se lo guardò e se lo rigirò che riuscì a capire che cosa c'era scritto. Probabilmente furono le incisioni in rame a dargli una mano. Avendo a disposizione la sterminata biblioteca paterna, restò in casa a studiare matematica, algebra e classici latini e greci. Era intelligentissimo: a quindici anni già frequentava l'università e a diciotto si laureava in Legge. Poi, sempre grazie ai Rosacroce, fece amicizia con il barone Christian von Boineburg e venne nominato primo consigliere del principe di Magonza (cosa, poi, ci *azzeccassero* i Rosacroce con la filosofia non l'ho mai capito). Comunque, ecco, qui di seguito, tutte le corti dove ebbe modo di mettersi in luce: a Parigi incontrò Luigi XIV e provò a convincerlo a invadere l'Egitto, a Londra conobbe Newton e diventò membro della Royal Society, ad Hannover venne assunto da Giovanni Federico di Brunswick-Lüneburg come bibliotecario, a L'Aia conobbe Spinoza, a Berlino fece amicizia con Federico I che lo nominò presidente dell'Accademia delle Scienze, a Mosca frequentò Pietro il Grande che lo scelse come consigliere personale, a Vienna strinse un'affettuosa amicizia con Sofia Carlotta, la regina di Prussia, nonché consorte del suo benefattore Federico I, e per ultimo fece un pensierino sulla Cina, restando, però, in Germania per mancanza di adeguati mezzi di trasporto. Certo è che se il suo datore di lavoro non era almeno un barone lui nemmeno gli rivolgeva la parola.

Fisicamente non doveva essere un granché. In un'autobiografia scritta in terza persona dice testualmente: «Leibniz è un individuo smunto, di media statura, con un viso pallido, e con mani e piedi sempre gelati. Ha una voce debole, è precocemente calvo e cammina curvo al punto da sembrare gobbo».

Pur avendo frequentato nobili per tutta la vita, morì solo come un cane, senza nemmeno lo straccio di un amico che gli tenesse la mano. Dietro al suo carro funebre, si dice, camminava solo un cameriere.

Le opere

Quanto a scrivere, scrisse di tutto. A vent'anni pubblicò il *De arte combinatoria*, poi l'*Ars inveniendi*, quindi la *Hypothesis physica nova*, e nel 1684 la *Nova methodus pro maximis et minimis itemque tangentibus*. Tutte opere che parlano di algebra, e che, per la prima volta, introducono il concetto di *integrale*, operazione questa che mi ha fatto molto soffrire ai tempi della mia prima liceo. A parte la matematica, però, Leibniz si dedicò molto alla politica. Scrisse il *Mars christianissimus*, poi un libro sul *Systema theologicum* e uno sui *Metodi di riunione*. Per quanto riguarda, infine, la filosofia, in tarda età pubblicò le *Meditazioni sulla conoscenza*, il *Nuovo sistema della natura* (1695), il *Discorso sulla metafisica* (1686), i *Nuovi saggi sull'intelletto umano*, *Teodicea* (1710), la *Monadologia* (postuma) e i *Principi della natura e della grazia* (1714).

Il pensiero

Leibniz è stato uno dei massimi geni della storia dell'umanità. Scopritore al pari di Newton del calcolo infinitesimale, creatore del calcolo differenziale, anticipatore della teoria evoluzionistica di Darwin e di quella dell'inconscio di Freud. Nell'arco di una trentina d'anni tirò fuori tantissime idee, forse troppe per ricordarle tutte. Certo è che il suo pensiero ha finito per condizionare la metafisica, la logica, la chimica, la matematica, la fisica, la biologia, la storia, la teologia, la giurisprudenza e chi più ne ha più ne metta.

La sua filosofia si basava principalmente sulla «spiritualità dell'essere». L'uomo, diceva, si distingue dagli animali perché, oltre a fare di tutto per sopravvivere, si chiede di continuo quale sia il vero significato della vita. Leibniz, però, non si limita alla ragione, come tutti i razionalisti perbene, ma riconosce anche l'importanza della «verità di fatto», di quella verità, cioè, che esiste a prescindere, come direbbe Totò, senza che a monte ci sia per forza una ragione che la impone.

A Cartesio (che peraltro ammirava moltissimo) rimproverava la tendenza a un razionalismo troppo teorico.

A Locke l'eccesso di empirismo, e a Spinoza l'aver ignorato l'importanza delle Monadi, aggregazioni di sostanze semplici, ma indivisibili, a sé stanti e non comunicanti (le Monadi non hanno porte né finestre, disse), che tuttavia nei loro mutamenti interni seguono quanto stabilito nell'Universo dalla volontà divina.

La Monade

Io una notte me lo sono sognato. Stava piovendo a dirotto e tutti e due, Leibniz e io, ci eravamo riparati sotto lo stesso portone.

«La pioggia» mi disse «bagna i corpi ma non ce la fa a bagnare le anime.»

«Sì, lo so» risposi io, «ma per il momento è proprio il corpo quello che mi preoccupa.»

«E fa male, perché dovrebbe preoccuparsi più della Monade.»

«Della Monade?» chiesi stupito.

«Sissignore, della Monade.»

«E che cos'è la Monade?»

«È una cosa che sta dentro di noi e che condiziona il nostro modo di vivere.»

«Ho capito: vuol dire l'anima?»

«Se lo preferisce, la chiami pure "anima". Io la chiamo Monade. L'importante, però, è che si renda conto che si tratta di una forza invisibile in grado di sprigionare effetti inimmaginabili. La Monade, non essendo un'entità fisica, ma un'energia, ci fa capire quali siano le vere funzioni della mente, e cioè la *percezione*, l'*appercezione* e l'*appetizione*.»

«Ho capito» dissi io senza aver capito, e lui continuò imperterrito.

«Caro ingegnere, lei è nel medesimo tempo un microcosmo e un macrocosmo. La sua Monade rappresenta se stessa ma anche tutte le altre Monadi del mondo. E non basta: le Monadi si conciliano l'una con l'altra in una "armonia prestabilita" da Dio, e Dio, fra tutti i mondi possibili, ha scelto proprio questo della Monade, che è il migliore di tutti, per venirci incontro.»

Appena sveglio, sono corso in libreria per comprarmi la *Monadologia* di Leibniz, e ricordo di aver letto le seguenti definizioni:

Monade: *principio attivo di un organismo, o sostanza semplice che entra nei composti* (mon. 1).
Anima: *tutti gli esseri in grado di percepire, tra cui le piante* (mon. 19).
Percezione: *stato interiore di una Monade quando entra in contatto con l'esterno* (mon. 14).
Appercezione: *coscienza o conoscenza della propria percezione* (mon. 4).
Appetizione: *tendenza di una Monade a passare da una percezione all'altra* (mon. 19).
Armonia prestabilita: *convivenza, voluta da Dio, dell'anima con il corpo e delle Monadi tra loro* (mon. 2).
Dio: *unità originaria da cui derivano tutte le altre sostanze grazie a una serie di «folgorazioni istantanee e continue»* (mon. 47).
Natura e Grazia: *i due regni della meccanica e della morale. Tra i due regni esiste un'armonia voluta da Dio* (mon. 86-90).

La Teodicea

Due parole sulla Teodicea. Il saggio tratta tre argomenti, uno più difficile dell'altro, e precisamente la Bontà di Dio, la Libertà dell'Uomo e l'Origine del Male.
Dice Leibniz: «Nei confronti del Male due sono le do-

mande che mi pongo: quelle relative alla Libertà dell'Uomo e quelle relative al comportamento di Dio. Se Dio, oltre a essere buono, è anche onnipotente, come fa a esistere il Male? Vuoi vedere, allora, che il Male dipende dall'Uomo e non da Dio?».

Detto ancora più terra terra: «Se tutto va bene, il merito è di Dio. Se tutto va male, la colpa è del lettore che in questo momento mi sta leggendo».

A proposito di Leibniz,

se ai suoi tempi ci fosse stata la televisione, lui di certo avrebbe fatto il moderatore. Non fece altro, infatti, nella vita, che cercare di mediare il cristianesimo con il cartesianesimo, la filosofia greca con quella moderna. Io già me lo immagino in un programma con Aristotele e Platone seduti a destra, e Cartesio e Spinoza seduti a sinistra. Lui al centro, dietro un tavolo, che una volta dà ragione all'uno e una volta all'altro. Gli argomenti sarebbero stati la «causa finale» di Aristotele e la «sostanza» di Spinoza. Quando poi, cinque minuti prima della fine, Cartesio avesse nominato il «Movimento come causa prima dell'esistenza», Platone avrebbe tirato fuori il Fedone per mostrarlo alle telecamere. Applausi scroscianti della platea, tutta composta da filosofi.

Giambattista Vico (1668-1744)

IX
Giambattista Vico

Nemo propheta in patria dicevano gli antichi e nessuno, più di Giambattista Vico, si è meritato questo detto. Nel Settecento non se lo filarono per niente, nell'Ottocento nemmeno, e solo nel Novecento, per merito di Benedetto Croce e di Giovanni Gentile, riuscì a entrare nei libri di storia della filosofia. Oggi ci sono scuole e piazze dedicate a suo nome, il che equivale a dire che nella vita basta aspettare al massimo tre secoli e poi tutti faranno a gara per celebrarti.

La vita

Dovendo raccontare la biografia, come non copiare dall'opera intitolata *Vita di Giambattista Vico scritta da se medesimo*? Il testo comincia con queste parole:

Il signor Giambattista Vico è nato in Napoli da onesti genitori, i quali lasciarono assai buona fama di sé. Il padre era di umore allegro, la madre di tempra malinconica; e così entrambi contribuirono al carattere del proprio figliolo.

Vico, insomma, era allegro e malinconico: allegro in quanto napoletano, malinconico in quanto filosofo.

Figlio di un piccolo libraio, nacque a Napoli, nel 1668, in largo dei Gerolamini, a due passi da via San Gregorio Armeno, lì dove si fabbricano i pastori del presepe. Studiò diritto e filosofia nel retrobottega del papà. Poi, una volta diventato maggiorenne, s'impiegò come insegnante presso il marchese Rocca e andò a vivere a Vatolla, in un castello del Cilento. A parte questo periodo trascorso lontano da casa (stavo per dire all'estero), visse tutto il resto della sua esistenza in una strada napoletana chiamata Spaccanapoli. Si tratta di una strada che nasce da via Scura dei Sette Dolori, attraversa tutta Napoli e finisce nei bassifondi di Forcella.

Vico era magro, molto magro. I napoletani lo chiamavano *'o tisicuzzo* perché era tutto pelle e ossa. Ovviamente era anche povero. Inutilmente aveva cercato di farsi assegnare una cattedra di diritto dalla locale università, e così tirava a campare dando lezioni private ai figli del principe di Filomarino. La fatica doveva essere enorme, anche perché il principe di figli ne aveva quattordici. Ci andava subito dopo pranzo e se ne usciva la sera tardi quando non c'erano più figli da istruire. Ci fu anche qualcuno che lo definì malato di mente. Racconta Croce che un nobile napoletano, interrogato in proposito, sentenziò: «Da giovane era normale, poi però, come dette alle stampe quel libro, quella *Scienza nuova*, il giorno dopo uscì in fantasia». Ed è sempre Croce a dire: «Tutt'al più veniva considerato un erudito tra gli eruditi e un letterato tra i letterati». E anche con i figli, diciamo la verità, non fu mai fortunato.

A parte la primogenita che era sempre malata, ebbe anche un figlio mariuolo. Con quest'ultimo, un giorno, fu costretto a chiamare la polizia, salvo, poi, pentirsene un attimo dopo e correre da lui per dirgli: «Scappa, figlio, scappa, che stanno per salire gli sbirri».

Negli ultimi anni non scrisse niente. È lui stesso a confessarlo nella *Vita* (1728):

Non ebbe cosa al mondo più da sperare; onde per l'avvanzata età, logora da tante fatighe, afflitta da tante domestiche cure e tormentata da spasimosi dolori nelle cosce e nelle gambe (...), rinnonziò affatto agli studi.

Si spense nel 1744.

Le opere

Quelle di cui ci si ricorda sono la *Vita di Giambattista Vico scritta da se medesimo* e *Principi di una Scienza nuova* (1725-30). Tutti gli altri saggi, dalle *Orazioni inaugurali* (1699-1706) fino al *De antiquissima Italorum sapientia* (1710), possono interessare solo gli addetti ai lavori. L'opera più stimolante, comunque, resta la sua autobiografia. Eccone alcuni brani:

(...) fanciullo egli fu spiritosissimo e impaziente di riposo; ma in età di sette anni, essendo col capo in giù piombato da alto fuori da una scala sul piano, onde rimase ben cinque ore senza moto e privo di senso (...) talché il cerusico, osservato rotto il cranio, (...) ne fe' tal presagio: che egli o ne morrebbe o arebbe sopravvivuto stolido.
Ebbe egli in sorte per maestro il padre Antonio del Balzo, gesuita, filosofo (...); ma l'ingegno, ancor debole da reggere (...), poco mancò che non vi si perdesse, onde con suo gran cordoglio il dovette abbandonare. (...), come un generoso cavallo e molto e bene esercitato in guerra, e lunga pezza poi lasciato in sua balìa a pascolare per le campagne, se egli avviene che oda una tromba guerriera (...), gestisce d'esser montato dal cavaliere e menato nella battaglia; così il Vico nell'occasione di una cele-

bre accademia degli Infuriati (...), dove valenti letterati uomini erano accomunati co' principali avvocati, senatori e nobili della città, egli dal suo genio fu scosso a riprendere l'abbandonato cammino, e si rimise in istrada.

Verso il fine della sua solitudine, che ben nove anni durò, ebbe notizia aver oscurato la fama di tutte le passate la fisica di Renato Delle Carte, talché s'infiammò di averne contezza; (...) dalla libreria di suo padre tra gli altri libri ne portò via seco la Filosofia naturale *di Errico Regio, sotto la cui maschera il Cartesio l'aveva incominciata a pubblicare in Utrecht.*

Per quanto riguarda, infine, la *Scienza nuova,* Croce scrive nel suo *Diario*: «Io a volte mi consolo pensando a un detto del più grande dei miei protettori, il filosofo Giambattista Vico. Costui, essendo stato respinto dall'Università di Napoli in un concorso per una cattedra di Legge, disse che la Provvidenza, con quella bocciatura, aveva voluto suggerirgli di non occuparsi più di Diritto, ma di dedicarsi solo alla *Scienza nuova*».

Il pensiero

Anche Vico ce l'aveva con Cartesio. A sentire lui, era sbagliato dire «penso, dunque sono». Molto meglio il «penso, dunque esisto», dal momento che l'esistere è una cosa che ha a che vedere con l'uomo, laddove l'Essere è una facoltà che appartiene solo a Dio. A parte, però, queste sottigliezze ontologiche, il suo tema preferito furono sempre i «corsi e ricorsi storici».

Vediamo di che cosa si tratta: gli uomini conoscono solo due percorsi, uno in salita e uno in discesa. Quando tutto va bene si evolvono secondo tre livelli successivi:

all'inizio sono condizionati dai sensi, subito dopo dalla fantasia, e infine, nel terzo livello, dalla ragione.

Dapprima sentono senza avvertire, dappoi avvertono con animo perturbato e commosso, e finalmente riflettono con mente pura.

Oppure, detto con parole ancora più semplici, all'inizio sono delle bestie, tutti «stupore e ferocia», poi, dopo aver preso atto delle proprie potenzialità, mettono in piedi delle comunità civili, e infine s'inventano addirittura la democrazia.

Quando tutto va male, invece, innescano il percorso inverso. Gli Stati si corrompono e insorgono le guerre civili. A questo punto possono accadere tre cose:
1) Un despota prende il potere e impone la dittatura.
2) Una nazione nemica approfitta della situazione e invade il suo territorio.
3) Gli uomini retrocedono allo stato primitivo e si ammazzano gli uni con gli altri.

Niente paura, dice Vico, date tempo al tempo e tutto tornerà come prima. Trattasi solo di corsi e ricorsi storici.

A proposito di Vico,

mi sono ricordato del mio primo amore. Si chiamava Giuliana. Era di una bellezza sconvolgente. Le dichiarai subito la mia passione. Non riuscivo a prendere sonno tanto l'amavo. L'aspettavo tutti i giorni all'uscita della scuola e il cuore mi batteva forte forte. Una mattina, però, venne un ragazzo a prenderla e lei mi passò davanti come se niente fosse. Mi disse solo «ciao». Ciao e basta senza nessun'altra spiegazione. Poi, però, ci fidanzammo e ci demmo un'infinità di baci. Quanti baci? Ora con precisione non me lo ricordo. So solo che erano i baci di una volta, quelli che si davano negli anni Quaranta. Sei mesi dopo mi lasciò e io soffrii di nuovo... come una bestia.

Questa storia si è ripetuta tante altre volte e sempre con gli stessi tempi: la prima uscita, il primo bacio, il primo litigio e la prima scena di gelosia. L'unica cosa che cambiava era il nome della ragazza. Non si chiamava più Giuliana, si chiamava Resy, poi Annamaria, poi Lorella e via dicendo. Insomma, corsi e ricorsi storici. Ora dico io: può essere che non impariamo mai nulla? Perché non diventiamo più furbi e la smettiamo noi per primi, quando siamo ancora in tempo? Risposta: perché è più bello amare che essere amati. Non sono io a dirlo, ma Fedro nel Simposio *di Platone.*

X
Christian Wolff

Che cos'è la felicità? Esiste un solo tipo di felicità o ne esistono molte? E quale felicità desidera un kamikaze che si fa saltare in aria? Wolff era convinto che solo la «libertà filosofica» avrebbe potuto rendere felice un uomo.

La vita

Christian Wolff, personaggio emblematico dell'illuminismo tedesco, nacque a Breslavia nel 1679. Non ebbe una vita facile: nominato professore di matematica da Federico Guglielmo I, nel giro di pochi anni fu destituito per colpa dei pietisti. Ma chi erano i pietisti? A detta del professor Giovanni Reale, erano delle «anime pie, bisognose di provare tutte le pene possibili». I pietisti in genere si riunivano nelle loro «chiese del cuore» e parlavano male dei peccatori che conoscevano, facendo nomi e cognomi. Il pubblico era sempre molto numeroso e applaudiva i peccati più significativi, in particolare quelli che avevano a che fare col sesso.

Ma che aveva detto Wolff di così scandaloso da suscitare le ire dei pietisti? Niente di straordinario: si era sem-

Christian Wolff (1679-1754)

plicemente permesso di paragonare Gesù a Confucio e di definirli entrambi profeti. Poi, grazie a Dio, anzi grazie a Confucio, il nuovo re di Prussia Federico II il Grande dopo qualche anno gli ridiede la cattedra all'Università di Halle e lui vi continuò a insegnare fino alla fine dei suoi giorni, avvenuta nel 1754.

Le opere

Le principali opere di Wolff furono: la *De philosophia practica* (1702), la *Dissertatio algebrica* (1704), i *Principi delle scienze matematiche* e una serie di volumi intitolati tutti *Pensieri razionali* (1713). Alcuni erano sull'intelletto, altri sull'anima, altri sulla natura e altri ancora sulla vita in genere.

Il pensiero

In quanto a pensiero, Wolff la pensava esattamente come Leibniz, non una parola di più, non una parola di meno. Se all'epoca fosse esistita la clonazione si sarebbe ipotizzata un'operazione tipo pecora Dolly. Per Wolff i rapporti tra l'anima e il corpo erano regolati dall'armonia divina, la stessa cosa, quindi, che aveva già detto Leibniz una trentina di anni prima.

Lo scopo della filosofia, secondo Wolff, era la felicità di due persone, ovvero quella nostra e quella di un altro signore che sta dentro di noi e che ci condiziona nelle scelte. Per ottenerla, però, è indispensabile distinguere la teoria dalla pratica, e quindi le scienze razionali dalle scienze empiriche. Tra le prime lui mette l'ontologia, la cosmologia e la teologia. Tra le seconde l'etica, il diritto, la politica e l'economia.

Ebbe molti seguaci, tra cui Alexander Baumgarten, Martin Knutzen e Franz Albert Schieltz, direttore del collegio dove studiò Kant. Ebbe, però, anche tanti nemici come, d'altronde, è accaduto a qualsiasi altro filosofo che si rispetti.

A proposito di Wolff

e di quell'individuo che sta dentro di noi, mi sono ricordato di un barbone intellettuale conosciuto a Napoli nei primi anni Cinquanta. Si chiamava Ferdinando e viveva in una cantina. Qualcuno mi disse che era un ex professore di filosofia andato fuori di testa. In genere lo s'incontrava a Vini e Cucina, una trattoria posta di fronte la stazione di Mergellina. I clienti, a turno, gli offrivano da mangiare, e quando non c'era proprio nessuno era la stessa signora Dolores, la proprietaria del locale, a mettergli davanti un piatto di maccheroni.

Ferdinando era convinto di non essere una sola persona, ma di avere dentro di sé, nascosti nei pori della pelle, un migliaio di altri Ferdinandi, tutti alti un milionesimo di millimetro o un miliardesimo di metro, cioè un nanometro.[*]

«Purtroppo» mi diceva, «questi maledetti non vanno d'accordo tra loro, e io di volta in volta sono costretto a fare delle gigantesche riunioni prima di prendere una decisione. Ci sono quelli sempre pronti a criticare, che non mi perdonano niente. Poi ci sono quelli più allegri, più casinisti, disposti a ogni compromesso pur di sopravvivere. A questi basta dare un paio di bicchieri di rosso e non li senti più parlare. A proposito, ordiniamo un'altra bottiglia di Gragnano...»

---

[*] Attenzione, però: il nanometro è un'unità di misura «seria», molto usata in fisica, che equivale proprio a 10^{-9} m e il cui simbolo è nm.

George Berkeley (1685-1753)

XI
George Berkeley

Sia quando sogniamo sia quando siamo svegli, tutto quello che vediamo ci sembra vero. Tanto per fare un esempio, io stanotte ho sognato che stavo in barca, a Capri, e che passavo attraverso i Faraglioni. C'era un sole accecante e il cielo era di un azzurro che più azzurro non si poteva. Questa mattina, poi, sono andato a farmi due passi intorno al Colosseo. Ho fatto tutta via dei Fori Imperiali e poi sono andato a vedermi la Domus Aurea. Anche oggi c'era un sole accecante e anche oggi il cielo era azzurro. Ora mi chiedo: come faccio a capire se erano più veri i Faraglioni o il Colosseo? Ebbene, a detta di Berkeley, l'aver toccato con una mano una parete del Colosseo mi deve far propendere per questa seconda ipotesi. Quello che «cade» sotto i nostri sensi, dice lui, è più vero di quello che s'immagina con la mente, e noi non a caso diciamo «cade».

La vita

George Berkeley nacque a Dysert, in Irlanda, nel 1685. A quindici anni entrò come allievo nel famoso Trinity College di Dublino dove ebbe modo di studiare la matematica e la filosofia. Nel 1710 divenne ministro della Chiesa anglicana e si trasferì a Londra. Qui, però, dopo aver fatto per qualche anno il cappellano per conto di un lord, fu preso da una voglia irresistibile, quella di andare con la moglie alle Bermuda e di convertire alla religione cristiana quanti più selvaggi fosse possibile. Gli avevano promesso un sacco di soldi se l'impresa fosse andata a buon fine, e invece non gli diedero nulla. L'unico regalo che riuscì a scippare fu la promessa di dare lo stesso suo nome, Berkeley, a una città della California. Poi, una volta tornato in Irlanda, venne nominato vescovo di Cloyne, e a Dublino l'amante di Swift, anche detta la Vanessa, lo lasciò erede universale di tutti i suoi beni. Infine, durante una terribile epidemia, scrisse un saggio, la *Siris*, dove consigliava ai malati di bere un litro d'acqua misto a catrame. Ora io non so se questa acqua lui l'abbia bevuta, certo è che morì d'intossicazione viscerale a Oxford nel 1753.

Le opere

A parte la *Siris* e un'opera giovanile, l'*Aritmetica dimostrata* (1704), scrisse due saggi, il primo intitolato *Nuova teoria della visione* (1708), e il secondo *Trattato sui principi della conoscenza umana* (1710). Nella prefazione dice: «Tutto quello che ho scritto mi sembra che sia assolutamente vero e lascio che sia il lettore a giudicare. Ma proprio perché il suo giudizio possa essere il più obiettivo possibile, gli chiedo di non giudicarmi sulle prime pagine, ma di leggere il libro fino alla fine, e magari anche di leggerlo una seconda volta».

I suoi scritti migliori, comunque, furono i *Dialoghi tra Hylas e Philonus* (1713). In questa opera lui fa litigare il filosofo materialista Hylas con il suo nemico Philonus, accanito difensore dell'immaterialismo.

Il pensiero

Berkeley un giorno disse che gli oggetti in tanto esistono in quanto vengono percepiti dai sensi (*esse est percipi*). D'accordo, obiettò un suo avversario, allora vuol dire che un albero, quando nessuno lo guarda, non esiste. Un momento, precisò lui, c'è sempre Dio che lo guarda e quindi anche l'albero esiste. Detto in altre parole, Berkeley ricorre allo sguardo di Dio per evitare il soggettivismo assoluto, ovvero lo scetticismo. Nel frattempo, però, nega l'esistenza di una realtà al di fuori di noi e mette in discussione i capisaldi della scienza.

Da dove vengono le idee?, si chiede Berkeley. Principalmente dai sensi: dalla vista ricaviamo il bianco e il nero, dal tatto il caldo e il freddo, dall'odorato il profumo e la puzza, dall'udito la musica e il rumore, dal gusto il dolce e l'amaro. Ognuna di queste sensazioni, però, grazie alla mente, si trasforma subito in un'idea. Di conseguenza non esistono le idee astratte. Noi non percepiamo l'uomo in genere, ma un uomo ben definito che ha un «suo» modo di parlare, un «suo» modo di camminare e una «sua» faccia munita di un naso che lo distingue da tutti gli altri uomini.

In sintesi, Berkeley affermò che tutte le qualità sono *soggettive*, percepite dal nostro spirito; e il nostro spirito, così come le idee, viene forniti da Dio.

A proposito di Berkeley

e dei sensi, quale importanza hanno i sensi stessi durante un rapporto sessuale? Ho posto questa domanda ai miei amici più cari e mi è stata fatta la seguente classifica: primo il tatto, secondo l'odorato, terzo l'udito, quarto il gusto e ultima la vista. Sulla vista siamo tutti d'accordo. Molti, infatti, quando fanno l'amore, spengono la luce, proprio per non farsi distrarre. Io, però, metterei l'udito al primo posto. E, a questo proposito, cito un concetto già espresso nel mio libro **Le donne sono diverse**.

Che differenza passa tra una bella donna e un piatto di maccheroni? Entrambi ci danno un piacere fisico che parte da un punto del corpo per poi raggiungere il cervello. Se però la donna in oggetto, durante il rapporto, ci manifesta il suo gradimento, il nostro piacere aumenta, anzi raddoppia, e diventa un piacere di andata e ritorno. Mentre nessuno pretende che i maccheroni dicano: «Oh, quanto è bello essere mangiati da questo signore», un eventuale cenno di consenso da parte della nostra partner non può che farci piacere.

XII
Alexander Gottlieb Baumgarten

Per me l'estetica, quando avevo vent'anni, era una cosa che riguardava solo le belle ragazze. Poi, a forza di studiare filosofia, ho capito che è anche un aspetto della vita, e che, per quelli che lavorano nell'arte, nel design e nella moda, è quasi un sesto senso.

La vita e le opere

Alexander Gottlieb Baumgarten nacque a Berlino nel 1714 e morì a Francoforte sull'Oder nel 1762. Oltre che a Leibniz, si appassionò al suo predecessore Wolff e ne divenne il principale sostenitore. Lo elogiò in lungo e in largo in tutti i libri che scrisse, e, sia nella *Metaphisica* che nella *Aesthetica* (1750), lo definì il più grande filosofo vivente. Fu a tal punto convincente che perfino Kant, un bel giorno, si decise a consigliare i libri di filosofia di Wolff ai suoi studenti e ne trasse ispirazione nella *Critica del giudizio*.

Il pensiero

Il tema preferito di Baumgarten non fu tanto la metafisica quanto l'estetica. Pare che addirittura la parola «estetica» sia stata una sua invenzione. In greco *aisthesis* vuol dire «sensazione» e per lui le idee di «bello» e di «brutto» erano legate alle nostre facoltà sensoriali. L'estetica, diceva, non può essere circoscritta alle sole opere d'arte. Entra nella vita di ogni giorno e prende parte a tutte le nostre decisioni, comprese quelle che a torto o a ragione si ritengono tecniche. Noi non facciamo nulla, ma proprio nulla, senza tenerne conto. Il giudizio estetico ci segue come un'ombra dalla nascita alla morte. Quello che è bello per uno di noi deve per forza essere bello anche per gli altri. L'estetica è a tal punto importante, dice Baumgarten, da sconfinare nella teologia, il che equivale a dire che Dio, oltre a essere unico, è anche molto bello.

Prendiamo il caso di Gesù: come sia stato in realtà non lo sa nessuno. Certo è che, in quanto palestinese, avrà avuto i capelli neri, gli occhi neri e la carnagione olivastra. Pur tuttavia è sempre stato ritratto da tutti gli artisti del mondo con la barba bionda e gli occhi azzurri. E questo perché? Perché è desiderio di tutti i cristiani che sia bello.

A proposito di Baumgarten

e dell'estetica, ho sempre avuto la tentazione del suicidio. Mi piacerebbe, però, essere io quello che decide il come e il quando. L'importante è che si tratti di una fine estetica. Gettarmi dal terzo piano, ad esempio, non mi piacerebbe affatto. Tutto quel sangue mi darebbe fastidio. Lo stesso dicasi del colpo di pistola. Se ci aggiungo poi il dolore, mi rendo subito conto di come non convenga praticare il «fai da te». L'ideale sarebbe una bella fuga di gas mentre si dorme. Si rischia, però, di far saltare in aria l'intero fabbricato e di coinvolgere un povero postino che per caso quella mattina ha suonato il campanello. Non mi resta, quindi, che sperare nell'infarto... quello improvviso e definitivo... insomma quello estetico.

Carlo Linneo (1707-1778)

XIII
Carlo Linneo

Al mondo esistono vari tipi di cani. Alcuni giganteschi come i mastini napoletani, altri minuscoli come gli yorkshire, alcuni buoni come i labrador e altri aggressivi come i pitbull, ciò nonostante, quando ne vediamo uno, pensiamo subito: «Questo è un cane». Ma cosa hanno in comune, mi chiedo, tutti questi cani perché noi, poi, li si riconosca appartenenti tutti alla medesima specie? A rispondere provvide Linneo.

Carlo Linneo è il nome italianizzato del naturalista e medico svedese Carl von Linné. Nato a Rashult nel 1707, scrisse un saggio intitolato *Il sistema della natura* (1735) e provò a descrivere i tre regni che ci circondano: quello animale, quello vegetale e quello minerale. Determinò il concetto di «specie», intesa come «unione di individui che si somigliano tra di loro più di quanto non somiglino agli altri esseri viventi», ed è stato lui ad apparentarci con i «mammiferi». Parentela questa che ha un evidente significato filosofico. E a questo proposito non possiamo fare a meno di citare una sua famosa dichiarazione.

Dice Linneo nella prefazione della *Fauna suecica* (1745):

A essere sincero, in quanto Storico della Natura, sono costretto ad ammettere una certa parentela tra l'uomo e la scim-

mia. Di scimmie ne ho viste moltissime: alcune meno pelose dell'uomo e altre con il corpo eretto in grado di camminare su due gambe a testa alta. Ebbene, se non fosse per il linguaggio, potrei dire che non esistono differenze significative tra la specie degli uomini e quella delle scimmie.

La sua attenzione, però, è quasi tutta dedicata alla botanica. Ci scrisse sopra un'opera intitolata *Genera plantarum* (1737) dove elogia le piante come gli esseri più buoni del pianeta. Le piante non si mangiano tra loro, abbelliscono il paesaggio e con i frutti ci aiutano a vivere.

A pensarci bene, come catalogatore, il buon Linneo dovette avere il suo bel da fare. Il Settecento, infatti, è stato il secolo con il maggior numero di scoperte botaniche. Gli arrivarono di continuo, immagino, viaggiatori dal Nuovo Mondo e dai Mari del Sud con piante mai viste, e lui lì, sempre pronto a catalogare in generi e specie. E così, una pianta oggi, una pianta domani, il tempo gli trascorse in fretta: morì a Uppsala nel 1778.

A proposito di Linneo

e della parentela con le scimmie, ho avuto un amico al liceo, Alberto De Finizio, molto simile a un babbuino. Chiariamolo subito, la somiglianza si limitava ai soli peli del torace, dal momento che per il resto era un ragazzo normale. Anzi, per i miei gusti di allora, era anche un po' troppo sentimentale. Ma che questo fatto dei peli fosse per lui un problema serio lo capii il giorno in cui la mia classe decise di organizzare un bagno a Marechiaro. De Finizio mi chiese d'informarmi se anche Giselle sarebbe venuta. Giselle era una nostra compagna di classe italo-francese. «Io» mi disse a bassa voce «mi vergogno a farmi vedere in costume», e per convincermi si aprì la camicia sul petto. Ne uscì un ammasso di peli neri folto come un cuscino. Il che sta a significare che non sempre il fisico va d'accordo con l'animo.

Montesquieu (1689-1755)

XIV
Montesquieu

Nel Settecento, in Francia, il mestiere di primo ministro coincideva con quello di magistrato. Era impossibile, quindi, per un politico criticare un magistrato o accusarlo di simpatie politiche, cosa che invece oggi è all'ordine del giorno. Ebbene, Montesquieu fu per l'appunto uno di questi strani personaggi: oltre a essere un filosofo era anche un magistrato e un politico.

La vita

Charles-Louis de Secondat, barone di Montesquieu, nacque nel 1689 a La Brède, ovviamente in un castello. A undici anni venne messo dal padre in un collegio ed ebbe modo di studiare la filosofia, il greco e il latino. In seguito, dopo aver fatto per qualche anno l'avvocato, venne nominato giudice e presidente del Parlamento e viaggiò in lungo e in largo per tutta l'Europa: si recò in Italia, in Svizzera, in Olanda, in Germania e in Inghilterra. A quarant'anni, infine, si rinchiuse a La Brède e da quel momento non volle più incontrare nessuno. Sul finire del 1754, recatosi a Parigi per problemi agli occhi e malandato di salute, si aggravò e agli inizi del 1755 cessò di vivere. Ma per saperne di più vi proponiamo di leggere, qui di seguito, un piccolo brano tratto dalla sua autobiografia.

> *Mi conosco abbastanza bene. Non ho avuto quasi mai dolori né tanto meno fastidi. Possiedo una certa ambizione, ma quel tanto che basta per partecipare alle cose della vita senza farmi prendere dalle angosce. Nella giovinezza ho avuto la fortuna di legarmi a delle donne che ho creduto mi amassero. Quando poi ho constatato che non mi amavano affatto le ho mollate. Il rimedio di tutte queste contrarietà è sempre stato lo studio. Non c'è ansia a questo mondo che resista a un'ora di buona lettura. La mattina mi sveglio con una gioia nel cuore: vedo la luce del sole sbucare dietro le colline e mi sento felice.*

Le opere

Tra i suoi primi scritti ricordiamo il *Progetto per una storia fisica della Terra*, un saggio *Sulle cause della pesantezza dei corpi*, e *Considerazioni sulle cause della grandezza dei Romani e della loro decadenza* (1734). L'opera più importante, però, fu *Lo spirito delle leggi* (1724-48), e la più divertente quella intitolata *Lettere persiane* (1721). Durante la terza età, infine, scrisse alcuni *Pensieri sull'arte e sulla morale*.

Lo spirito delle leggi

Nelle mille pagine del libro si parla di tutte le leggi possibili e immaginabili. Perfino di quelle che puniscono l'impudicizia delle donne. Nessun accenno, invece, all'impudicizia degli uomini. Quello che a Montesquieu preme più di ogni altra cosa è che i criminali scontino le loro pene fino all'ultimo giorno. Quindi, dallo scippo all'omicidio, non ammette sconti. Niente arresti domiciliari, indulti, buona condotta o altre sciocchezze del genere.

Le Lettere persiane

Trattasi di 161 lettere scritte da ipotetici viaggiatori persiani che, con la scusa di non essere francesi, raccontano la Francia così come appare ai loro occhi. Il trucco consente a Montesquieu di dire tutto quello che pensa del suo paese e delle sue istituzioni, senza per questo subire le critiche dei suoi amici o, peggio ancora, la censura delle autorità politiche e religiose.

La prima lettera è di un certo Usbek, un persiano proprietario di cinque mogli e di sei eunuchi. Lui conversa con un certo Rica e gli spiega come si vive a Parigi. Il linguaggio è quello di un uomo che non conosce l'Occidente. Definisce Omero un vecchio poeta cieco, il rosario una catenella fatta di tante palline di legno, e Luigi XIV un vecchio sultano, privo di harem, che si è innamorato della saggezza degli orientali.

Il pensiero politico

Per Montesquieu i fatti storici obbediscono a un ideale di fondo. L'ideale, però, cambia col mutare del tipo di governo. Per la monarchia il massimo dei valori è l'*onore*, per la repubblica è la virtù, e per la dittatura il *timore* di essere sopraffatti da un altro tiranno. Da qui i diversi modi di governare.

L'analisi di Montesquieu, comunque, non è fine a se stessa, bensì si pone il compito di suggerire a chi di dovere le politiche da attuare per raggiungere un sufficiente grado di libertà. Il segreto, dice Montesquieu, sta nella separazione dei tre poteri: il legislativo, l'esecutivo e il giudiziario.

La Rivoluzione francese è ancora lontana da venire, ciò nonostante le tematiche politiche cominciano ad affacciarsi alla ribalta e a occupare il posto di quelle ontologiche, con tanti saluti all'*essere* e a tutti i suoi derivati.

A proposito di Montesquieu

e delle Leggi, come non ricordarsi del dialogo di Platone intitolato Critone? Questa la storia.

È l'alba e Critone, un ateniese molto ricco, va a trovare Socrate in carcere. «Scappa» gli dice, «che forse oggi, o al massimo domani, arriverà la nave da Delo. Ti costringeranno a bere la cicuta e tu morirai. Io ho già pagato i carcerieri e nessuno ci fermerà.» Ma Socrate non ci sta: «Ti ringrazio, o Critone, del tuo interessamento, ma se appena fuori dal carcere incontro le Leggi di Atene, e queste mi chiedono dove sto andando, io cosa rispondo?». «Rispondi che stai scappando da loro, dalle Leggi ingiuste.» «Nossignore» lo corregge Socrate, «non esistono le Leggi ingiuste. Nel peggiore dei casi esistono le Leggi non bene applicate. Comunque, se non ci fossero le Leggi, oggi Atene non esisterebbe e forse nemmeno io sarei nato dal momento che mio padre e mia madre non si sarebbero mai uniti in matrimonio.»

XV
I materialisti

I materialisti famosi furono tre: La Mettrie, Helvétius e d'Holbach. Esaminiamoli uno alla volta e cerchiamo di capire fino a che punto erano sul serio *materialisti* e non semplicemente *sensisti*.

LA METTRIE

Julien Offroy de La Mettrie nacque a Saint-Malo, in Bretagna, nel 1709. Si laureò in medicina con ottimi voti e se non si fosse messo a scrivere libri contro la religione avrebbe potuto fare anche un'ottima carriera. Cacciato, invece, per le sue idee troppo liberali, si sistemò in Olanda dove conobbe il medico e botanico ateo Hermann Boerhaave (1668-1738). Questa amicizia rafforzò in lui ancora di più la convinzione che l'uomo non era una creatura di Dio ma solo il risultato, alquanto imperfetto in verità, di un processo chimico e meccanicistico avvenuto chissà quanti milioni di anni fa. Cacciato per queste affermazioni anche dall'Olanda, si trasferì in Germania, ospite di Federico II di Prussia, e qui, a conferma dell'imperfezione del corpo umano, morì d'infarto nel 1751 a Berlino a soli quarantadue anni.

Le opere e il pensiero

La sua opera più importante fu *L'uomo macchina* (1747). Il titolo dice già tutto su come la pensava: niente anima o altre fesserie del genere. Si nasce, si vive e si muore senza che ci sia nessun aldilà che ci sta aspettando. Il libro fu giudicato subito sacrilego e il giorno dopo bruciato in piazza da un boia per ordine della Chiesa. Lui stesso restò vittima per lungo tempo di una specie di congiura del silenzio da parte dei suoi concittadini. Era proibito a tutti di nominarlo o, semplicemente, di avvicinarlo per strada, pena il carcere.

In uno dei suoi libri (*Storia naturale dell'anima*, 1745), La Mettrie, sempre a proposito dell'anima, dice testualmente:

> *L'anima non è che una parola vuota alla quale non corrisponde alcuna realtà metafisica e di cui l'uomo non dovrebbe servirsi a meno che non voglia alludere a quella parte del corpo pensante che sta dentro il suo cervello.*

Per poi aggiungere:

> *Armiamoci del bastone dell'esperienza e, una volta per tutte, eliminiamo dalla nostra mente le vane chiacchiere dei filosofi e dei preti.*

Scrisse molte opere e sempre con titoli l'uno più strano dell'altro. Citiamo, in ordine di pubblicazione, *L'uomo pianta*, *L'anti-Seneca ovvero il discorso sulla felicità*, *Le riflessioni filosofiche sull'origine degli animali*, *L'arte di godere* e, buon ultimo, *La Venere fisica*.

CLAUDE-ADRIEN HELVÉTIUS

Claude-Adrien Helvétius nacque a Parigi nel 1715, studiò dai gesuiti e morì non so bene dove nel 1771. Come il suo collega La Mettrie, ebbe la soddisfazione di veder bruciare la sua opera principale, il *Dello spirito* (1758), tra le urla di una folla entusiasta.
Tra le tante cose che scrisse ricordiamo l'*Epistola sull'amore dello studio*, un saggio sulla *Felicità* e uno *Sull'uomo e sull'educazione* (1752). Tutte opere uscite postume a pochi mesi dalla sua scomparsa. Ascoltiamolo:

Ognuno pensa ai fatti suoi e quindi al proprio particulare. L'uomo nasce ignorante e diventa intelligente grazie a due opportunità che lo condizionano e precisamente ai sensi e alla fortuna. I sensi gli consentono di conoscere la realtà che gli sta intorno, e la fortuna lo aiuta a mettersi in contatto con le persone giuste.

Poi aggiunge:

L'amore, l'amicizia, la simpatia e la stima, altro non sono che delle facoltà personali che gli consentono di vivere meglio. Le nazioni più in gamba sono quelle dove i legislatori sono stati capaci di far coesistere l'interesse della persona con l'interesse generale.

E infine:

La sensibilità fisica è sempre all'origine delle idee, giacché quello che si avverte con i sensi si capisce e quello che è buono ci appare utile.

Questo il cosiddetto materialismo di Helvétius, o, se preferite, il suo umanitarismo illuminista.

PAUL-HENRY D'HOLBACH

Terzo componente del trio materialista il barone Paul-Henry d'Holbach. Di origine tedesca, nacque a Heidelsheim nel 1723 e visse tutta la vita a Parigi dove morì, salute a noi, nel 1789. Cominciamo col dire che era straricco. Ciò nonostante, parlava come se fosse un proletario comunista: consigliava a tutti gli Stati di ridurre le disuguaglianze sociali al fine di ottenere una migliore distribuzione del reddito. Esponente anch'egli dell'illuminismo, la sua prima attività fu quella di organizzare pranzi esclusivi per filosofi. Tra gli invitati ricordiamo Diderot, Rousseau e l'abate Galiani, tutti intellettuali che quando si trattava di mangiare gratis passavano sopra anche a qualche piccola divergenza di pensiero.

D'Holbach per paura della censura scrisse il suo primo libro, il *Sistema della natura* (1770), sotto lo pseudonimo di Mirabaud. Poi continuò con una serie di opere tutte anticlericali come *La crudeltà religiosa*, *L'impostura sacerdotale*, *I preti smascherati* e via dicendo. Il fatto è che lui considerava la religione una scusa inventata dai preti per soli scopi di potere.

«L'uomo» diceva «tende sempre alla felicità, e la società altro non è che un insieme di individui che hanno in comune un solo problema: quello di soddisfare i propri bisogni.»

I materialisti

A proposito di materialisti,

mi piacerebbe sapere se anch'io lo sono. La risposta è «dipende». Da cosa? Dalla situazione in cui ci si trova. Durante la Seconda guerra mondiale, nel '43, stavo a Cassino, praticamente sulla linea del fronte. Al di là del fiume c'erano gli americani e al di qua i tedeschi. Non avendo di che mangiare, ogni giorno mio padre e zio Luigi uscivano per le campagne con due bottiglie d'olio (l'unica risorsa che avevamo) nella speranza di barattarle con qualche chilo di pane o di farina. Purtroppo, però, i nostri vicini di casa dopo un paio di settimane di olio non ne vollero più sapere e papà e zio Luigi erano costretti ad allontanarsi sempre di più nella speranza di trovare qualcuno che ne avesse ancora bisogno. All'epoca, però, c'era il coprifuoco e non appena faceva buio si correva il rischio di essere uccisi. Bastava non conoscere la parola d'ordine del momento per essere sparati a vista. Al che noi ragazzi, dopo una giornata di digiuno totale, ci domandavamo l'un l'altro: «Ma se li hanno uccisi, noi stasera che mangiamo?».

Come dire che la fame ci aveva reso materialisti.

XVI
Gli enciclopedisti

Le rivoluzioni sono come gli innamoramenti: prima ci sono gli sguardi, poi il corteggiamento, poi la dichiarazione d'amore e infine il contatto fisico. Ebbene, anche per la Rivoluzione francese le cose andarono così: cominciarono gli enciclopedisti, poi arrivarono Voltaire e Rousseau, e per ultimo ci fu il rapporto sessuale, ovvero la presa della Bastiglia.

Diderot fu il primo a immaginare un'enciclopedia. Non che lui fosse chissà quale erudito, ma aveva intuito che il popolo francese era maturo per un'impresa del genere. All'inizio l'editore, Le Breton, ebbe qualche perplessità: un'enciclopedia sarebbe costata una fortuna, e in una città come Parigi, abitata in gran parte da semianalfabeti, ben pochi l'avrebbero comprata. Poi però ci si mise pure d'Alembert a fargli una testa tanta, e Le Breton si convinse.

A dare una mano agli enciclopedisti provvidero due milionari dell'epoca: il parigino Vincent de Gournay e la famosa Madame de Pompadour, l'amante di Luigi XV. Entrambi aprirono le loro case agli intellettuali e ai filosofi e questi, tra un piatto di lenticchie e una zuppa di fagioli, ebbero modo d'incontrarsi e di scambiarsi delle idee. Tra i frequentatori dei salotti Gournay e Pompadour ricordiamo Mirabeau, Turgot, Helvétius, Buffon, Duclos, e l'abate Ferdinando Galiani.

A proposito, padre Galiani (1728-87) era un personaggio davvero particolare: era piuttosto basso di statura ma in compenso aveva un intuito eccezionale. Il suo apprendistato culturale lo aveva fatto tutto a Napoli con gli illuministi del suo quartiere. A insegnargli, però, l'abc della filosofia era stato un suo zio materno, un certo monsignor Celestino. Superati i trent'anni, Galiani venne inviato dal re di Napoli come ambasciatore a Parigi e qui fece amicizia con Diderot e d'Alembert. Lui, brav'uomo, non poteva sopportare due categorie di persone: gli atei e i capitalisti. Su questi ultimi scrisse un trattato da fare invidia allo stesso Marx. L'opera, intitolata *Della moneta* (1752), criticava l'avidità dei ricchi e invitava i poveri a non identificare la felicità col denaro e con i metalli preziosi.

Per quanto riguardava, infine, gli atei, in una lettera inviata a un suo collega abate scrive testualmente: «È sbagliato negare l'esistenza di Dio solo perché il mondo ci sembra imperfetto. Se è così è perché siamo stati creati dall'incontro di Dio con il Nulla. Quando le cose vanno bene il merito è tutto di Dio. Quando vanno male la colpa è del Nulla».

Comunque, a parte questi principi religiosi, da buon napoletano era un personaggio divertente. Una sera, durante un ballo in maschera, diede una manata sul sedere alla regina Maria Carolina, salvo poi scusarsi non appena la riconobbe: «Maestà, mi perdoni: ma lei stava mascherata». E la regina lo perdonò.

L'*Enciclopedia* uscì in dieci volumi al prezzo di 280 franchi pagabili con comodo. Pare che sia stata il primo prodotto editoriale venduto a rate. Il primo volume, dalla A alla C, uscì nel 1751. Le voci «Gesù», «Cristianesimo», «Spirito Santo» e «Maometto» furono redatte dai sacerdoti. Quelle relative ai problemi economici da Quesnay e Turgot. Quelle che riguardavano la storia naturale da G.L. de Buffon. Quelle che avevano a che fare con le forze armate dai generali e via di questo passo: ogni voce, insomma, era stata affidata al maggior esperto del settore. Quello, però, che c'era di importante è che per la prima volta un'opera non era stata scritta per arruffianarsi i potenti, ma solo per mettersi al servizio dei lettori. L'immane lavoro fu completato dopo oltre vent'anni, nel 1772.

A proposito di enciclopedisti,

immaginiamoci quanto sarebbero stati felici oggi Diderot e d'Alembert con Internet. Possedere un computer, a casa, che risponde a qualsiasi domanda, senza essere costretti a consultare volumi pesantissimi, sarebbe stata per loro una gioia incredibile. Chissà se in Paradiso glielo hanno dato?

XVII
Denis Diderot

Denis Diderot nacque a Langres nel 1713 e come tanti altri suoi coetanei studiò dai gesuiti, poi, una volta diventato maggiorenne, prese le distanze dalla religione di Stato e si trasferì a Parigi. Qui terminò gli studi e si mise a frequentare i salotti cittadini, diventando nel medesimo tempo un intellettuale e un puttaniere. Il padre lo avrebbe voluto vedere impegnato in un lavoro pratico come il venditore di coltelli, ma Parigi è Parigi, e Denis s'innamorò di Antoinette Champion, una bella ragazza dai capelli neri. Lui l'avrebbe voluta sposare subito, ma il padre si oppose e per impedirgli di fare fesserie lo rinchiuse in un convento. Niente da fare: il giovane una notte, per la precisione a mezzanotte in punto, dopo aver a lungo pianto, scavalcò il muro di cinta e andò a sposarsi. All'inizio per vivere si arrangiò: fece prima il precettore presso un ricco finanziere, poi l'insegnante di matematica, poi il traduttore dall'inglese e infine lo scrittore di prediche a pagamento. A volte lavorò per i cattolici e a volte per i protestanti.

Scrisse tanto e sugli argomenti più vari. Se mai ci fu un intellettuale a cui calzasse bene il termine «poliedrico» questi era Diderot. Filosofo, matematico, romanziere e poeta, ma anche meccanicista, vitalista, ateo, empirista e perfino deista.

Denis Diderot (1713-1784)

Nel giro di pochi anni parlò e scrisse di tutto. Nessuno sa come sia riuscito in questo, se si pensa che fu impegnato per vent'anni anche nell'*Enciclopedia*. Ecco qui una lista incompleta delle sue opere: i *Pensieri filosofici* (1746), *Sulla pittura* (1765), *La passeggiata dello scettico*, la *Lettera sui ciechi*, la *Lettera sui sordomuti*, *L'interpretazione della Natura*, *Il sogno di d'Alembert* (un volume di pensieri filosofici, uscito postumo), i *Pensieri sulla materia*; i drammi *Il figlio naturale* (1757), *Il padre di famiglia* (1758); i romanzi *La monaca*, *I gioielli indiscreti* (1747), *Il paradosso dell'attore* (postumo, 1830) e il bellissimo *Il nipote di Rameau* (1762).

Nelle due *Lettere*, quella sui ciechi e quella sui sordomuti, sostiene che i sensi non sono poi così importanti. È sufficiente, dice lui, ragionare quel tanto che basta per capire la vita. Nel *Paradosso* scopre che l'eccessiva sensibilità di un attore finisce col peggiorare le sue prestazioni. Meglio essere un pochino indifferenti. «Le lacrime dell'attore mediocre vengono dal cuore, quelle del grande attore tutte dal cervello.»

Per alcune di queste opere finì naturalmente in galera. D'altra parte, a quei tempi, già scrivere era considerato un atto rivoluzionario e come sempre erano le autorità religiose quelle che decidevano. Il peggio, però, lo subì per colpa del libello licenzioso *I gioielli indiscreti* e vediamo perché.

I gioielli indiscreti

Racconta Diderot che una volta c'era un sultano, tale Mangogul, che aveva avuto da un mago un anello magico. Questo anello, se puntato contro una donna, la mostrava completamente nuda e nel contempo rendeva invisibile colui che aveva l'anello. Ma non basta: la donna sarebbe stata costretta a dire sempre la verità a qualsiasi domanda le avessero fatto, e per rispondere non avrebbe usato la bocca bensì il suo «gioiello più intimo», quello cioè che di solito le donne amano nascondere sotto i vestiti.

Adesso, però, per capire meglio Diderot, leggiamoci insieme l'incipit del *Nipote di Rameau*:

Che sia bello o brutto tempo, ogni sera verso le cinque, è mia abitudine andarmene a passeggio al Palais Royal. Sono io quel tipo, sempre solo, seduto su una panchina di boulevard Argenson. Mi intrattengo a parlare con me stesso. Parlo di politica, d'amore, d'arte o di filosofia. Vedo decine di giovani dissoluti andare dietro le cortigiane. Li vedo che ora seguono l'una, ora seguono l'altra, salvo poi abbandonarle tutte senza impegnarsi con nessuna. E anch'io più o meno faccio lo stesso. Loro inseguono le donne, io i pensieri. I pensieri sono le mie puttane.

A proposito di Diderot

e della sua panchina di boulevard Argenson, anch'io ho una panchina per pensare. Forse tutti dovrebbero avere una panchina personale. La mia si trova ai Fori Imperiali, piuttosto in alto, lì dove stanno gli Orti Farnesiani. In genere ci vado la mattina presto dopo aver comprato i giornali. Per entrare non pago perché ho la tessera da vecchio, anche detta «carta d'argento». Intorno a me non vedo che turisti giapponesi e tedeschi, quasi mai italiani, più un paio di disoccupati travestiti da antichi romani che si offrono per farsi fotografare a pagamento mentre con la spada minacciano il turista.

A dirla tutta la mia non è nemmeno una panchina: sono solo tre gradini di marmo posti a destra dell'Arco di Tito. Io mi ci siedo e penso. In genere provo a dare un voto a tutti i pensieri che mi vengono in mente. Col passare degli anni i voti cambiano. Diminuiscono quelli relativi ai desideri materiali e aumentano quelli collegati alla solitudine.

Vorrei vivere altri cento anni per leggere quanti più libri possibile, e, per dirla con Diderot, i libri sono le mie puttane.

D'Alembert (1717-1783)

XVIII
D'Alembert

Jean-Baptiste Le Rond, detto d'Alembert, nacque a Parigi nel 1717. Figlio di un ufficiale dell'esercito e di una gentildonna già sposata con un altro nobile, venne abbandonato dalla madre sul sagrato della chiesa di Saint-Jean-Le-Rond. Il nome della chiesa gli fu dato come cognome dai preti che lo raccolsero. In un secondo momento, però, il padre riuscì a ritrovarlo e da quel giorno si prese cura di lui. Fece in modo che frequentasse una scuola e che avesse il necessario per vivere.

Diciamo la verità: più che un filosofo d'Alembert era uno scienziato. Aveva una spiccata tendenza per la matematica (fondamentale è l'«equazione di d'Alembert») e anche quando parlava di problemi filosofici era solito dire: «Per cortesia, amici, prima i fatti e poi le opinioni». E così facendo fu nominato Accademico di Francia. Ma per completezza d'informazione, precisiamo che firmò anche l'Introduzione (1751) all'*Enciclopedia*.

Per lui esistevano solo due tipi di idee, quelle «dirette» e quelle «indirette». Le prime, diceva, arrivano direttamente dai sensi, le seconde, invece, dalla combinazione delle prime. Una lampante dimostrazione di come le idee possono aiutarsi l'una con l'altra ci viene data dalla continua interdipendenza delle discipline matematiche con quelle fisiche.

Mi spiace per il lettore, ma con d'Alembert c'è poco da divertirsi. Forse nemmeno lui era contento del suo modo di vivere.

Tra le sue opere più significative ricordiamo: un *Trattato sulla dinamica* (1743), uno su *L'equilibrio e il moto dei fluidi* (1744), uno sugli *Equinozi* (1749), un *Saggio sui rapporti tra i letterati e i potenti*, e soprattutto un'opera intitolata *Elementi di filosofia* (1759), dove espose in modo sistematico il suo pensiero speculativo.

Malgrado le offerte di lavoro che gli arrivarono da ogni parte, si rifiutò sempre di lasciare Parigi. Il suo credo era: meglio stare a casa propria e con i propri familiari che diventare famosi in mezzo agli estranei. Morì quasi dimenticato nel 1783.

XIX
Voltaire

Di tanto in tanto nascono uomini-svolta e noi siamo soliti dividere il tempo in due periodi: quello che viene prima di loro e quello che viene dopo. Ebbene, anche per Voltaire accadde la medesima cosa. Se per illuminista bisogna intendere uno che illumina, nessuno più di lui ha illuminato tutti quelli che gli stavano accanto.

La vita

Quando nacque non si chiamava Voltaire ma François-Marie Arouet. Quinto figlio di un notaio, studiò prima a casa sua, sotto la guida del padrino, l'abate di Châteauneuf, poi dai gesuiti nel collegio Louis-le-Grand, e infine con alcuni maestri del «Circolo dei liberi pensatori» anche detto «Circolo dei libertini». Così facendo riuscì a bilanciare l'insegnamento noioso dei cristiani con quello un pochino più spregiudicato degli epicurei. A ogni modo, il suo merito maggiore fu quello di aver scoperto nella tolleranza la chiave per vivere meglio.

Nato a Parigi nel 1694, a ventisei anni debuttò come drammaturgo con la tragedia *Edipo* (1718), per poi continuare a lavorare per il teatro con tutta una serie di poemi e di poemetti. Un bel giorno, però, grazie a un soggiorno

Voltaire (1694-1778)

di tre anni in Inghilterra, scoprì la filosofia e da quell'esperienza uscirono qualche anno dopo opere come le *Lettere filosofiche* (1734) e il *Trattato di metafisica* (1734). Conobbe l'uno dopo l'altro Berkeley, Swift e Clarke, e lesse quanto avevano scritto Locke e Newton. Ebbene, ne uscì un'altra persona. Si recò in Olanda, come segretario di ambasciata, e si sarebbe anche sistemato economicamente se non si fosse preso una cotta per una bella ragazza protestante dai capelli biondi. La famiglia, alquanto preoccupata, gli ordinò di tornare subito a Parigi, e lui, per tutta risposta, fondò il PFF, ovvero il Partito filosofico francese. Grazie alla solita Pompadour, fu ricevuto a corte da Luigi XV per poi essere inserito tra gli «immortali di Francia».

A proposito di donne, si dice che sia stato anche uno sciupafemmine. Ne ebbe di ogni età e di ogni condizione sociale. Alternò mercenarie da quattro soldi a nobildonne di alto lignaggio, sempre, però, trattandole con uguale rispetto. Fra le tante – oltre a una relazione di un quindicennio con la marchesa du Châtelet, consenziente il marito e consenziente il nuovo amante, tutti conviventi e felici nella casa di campagna di Cirey –, annoverò anche una nipotina minorenne che si chiamava Marie-Louise, Denis, pure lei trasferitasi a Cirey. D'altra parte lui sosteneva il principio che «Dio ci ha messo al mondo per due motivi: per farci soffrire e per farci divertire». L'importante, diceva, era capire quando è il momento di fare l'una cosa e quando l'altra. Insomma, era un Orazio del diciottesimo secolo.

E passiamo ai momenti difficili. A causa di due libelli scritti contro il Reggente si fece undici mesi di galera. Poi, una volta libero, un certo barone de Rohan, non sopportando i suoi sfottò, lo fece bastonare dai suoi servi. Al che Voltaire lo sfidò a duello. Non l'avesse mai fatto: il barone, come prima cosa, non accettò la sfida, non ritenendolo di pari nobiltà, quindi lo spedì difilato alla Bastiglia. Qui, però, a forza di entrare e uscire di galera, si era fatto amico il direttore e ogni sera cenavano insieme discutendo di arte e di filosofia.

Dopo l'esperienza di Cirey, nel 1760 si trasferì nella sua tenuta di Ferney, vicino a Ginevra, dove si fermò definitivamente e dove riprese a pubblicare una gran quantità di opere, dai saggi alle tragedie, e a collaborare all'*Enciclopedia*. Morì nel 1778 a Parigi, da dove mancava da oltre un ventennio e dove era tornato per assistere a una rappresentazione teatrale.

Le opere

Mise giù molti saggi ma non sempre riuscì a farseli pubblicare. Alcuni furono bruciati prima ancora di essere stampati. Altri, invece, si salvarono perché li firmò con uno pseudonimo. La sua nemica maggiore rimase sempre la Chiesa, da lui accusata di aver usato la superstizione come strumento per spaventare i popoli. Fra le tante opere che scrisse citeremo le nostre due preferite e precisamente il *Candido* (1759) e il *Trattato sulla tolleranza* (1763).

Il Candido, ovvero dell'ottimismo

Racconta le vicissitudini di un bravo ragazzo, non a caso chiamato Candido, che, per averci provato con la figlia di un castellano, la bella Cunegonda, viene cacciato dal padre della medesima e lungamente bastonato prima dai soldati bulgari e poi dai soldati àvari. Tra i tanti guai, il povero Candido si beccò anche la sifilide. Ed ecco come lui stesso ce lo racconta:

> Ho conosciuto Paquette, una graziosa cameriera, e ho gustato tra le sue braccia paradisiache delizie, che però hanno prodotto in me grandi tormenti. Ella era infetta e ora è anche morta. Quel male Paquette l'aveva avuto da un frate che a sua volta l'aveva avuto da una contessa che lo aveva avuto da un capitano di cavalleria che lo aveva avuto da una marchesa che lo aveva avuto da un paggio che lo aveva avuto da un gesuita che lo aveva avuto da un novizio che lo aveva avuto da un compagno di viaggio di Cristoforo Colombo.

Quindi da bravo ottimista conclude:

> Se Cristoforo Colombo non avesse scoperto l'America, forse questo male non sarebbe mai arrivato da noi; nel contempo, però, non sarebbe arrivata nemmeno la cioccolata.

Di qui la morale: nella vita c'è sempre qualcosa di buono e qualcosa di cattivo che arrivano insieme. E, alla fine del romanzo, Pangloss, il suo maestro di vita, lo rincuora dicendogli:

> Tutti gli avvenimenti sono concatenati nel migliore dei mondi possibili. Se non ti avessero cacciato a pedate dal castello per colpa di Cunegonda, se non fossi finito nelle mani dell'Inquisizione, se non avessi percorso l'America a piedi, se non avessi dato un colpo di spada al barone, se non avessi perduto tutte le pecore nel buon paese dell'Eldorado, oggi tu non staresti qui a mangiare cedro e pistacchio.

Naturalmente Candido va letto anche come presa in giro dell'ottimismo di Leibniz e, in particolare, della sua convinzione che il nostro mondo sia «il migliore dei mondi possibili».

Il Trattato sulla tolleranza

Tutto nasce da un fatto di cronaca realmente accaduto a Tolosa nel 1762. Un giovanotto di nome Lavaisse viene invitato a cena in casa Calas. Purtroppo, però, a fine pranzo il figlio maggiore, Marcantonio, viene trovato impiccato in cantina. Chi è stato? I sospettabili sono: il padre, la madre, il fratello, la domestica e lo stesso Lavaisse. Per quanto riguarda il movente non esistono dubbi: Marcantonio pochi giorni prima aveva espresso il desiderio di convertirsi al cristianesimo, e forse era stato soppresso proprio per impedire che lo facesse. Scoppia una rivolta tra gli abitanti di Tolosa. Tutti pretendono che Jean Calas, il padre, venga messo «alla ruota» e che i sospettati, compresa la domestica, finiscano in galera. Jean Calas verrà giustiziato. Tre anni dopo, però, si scopre che Marcantonio si era suicidato.

Voltaire ne approfitta per invitare i lettori alla tolleranza e a non lasciarsi trascinare dall'emozione, a ragionare prima di agire. Non c'è nulla di più pericoloso, dice, del fanatismo. Ai giorni nostri questo trattato lo si potrebbe dedicare a Bin Laden.

A proposito di Voltaire,

mi è rimasto impresso un suo pensiero e precisamente quello dove dice che non è stato Dio a creare gli uomini ma gli uomini a creare Dio a propria immagine e somiglianza. Per la precisione lui sostiene che se Dio non esistesse bisognerebbe inventarlo, e io non posso che dargli ragione. E fu per quest'idea che la Chiesa lo ha perseguitato per tutta la vita. D'altra parte che lui fosse uno che dubitava glielo si leggeva in faccia.

Mi piacerebbe sapere, adesso, dove sta. Io me lo immagino in Purgatorio con diecimila secoli ancora da scontare e con a fianco Newton e Locke. Parlano tra loro di filosofia, ridono, raccontano storie e poi decidono di comune accordo di andare a sfottere La Mettrie nella zona dei «materialisti».

Étienne Bonnot de Condillac (1714-1780)

XX
Étienne Bonnot de Condillac

Nel raccontare i filosofi dell'epoca moderna ho notato che molti erano preti, che la maggior parte erano baroni, che avevano alle spalle almeno una nobildonna che li proteggeva e che quasi tutti finirono i loro giorni in un castello. Ebbene, anche Étienne Bonnot de Condillac non fece eccezione alla regola: nacque a Grenoble nel 1714, discendente da un barone, diventò abate di Condillac, ebbe come protettrice la marchesa Madame de Tencin, e alla fine morì nel 1780 in un castello di sua proprietà.

In quanto a studi, frequentò, come sempre, prima i gesuiti, poi i preti del Saint-Sulpice e infine la Sorbona, la prestigiosa università fondata cinque secoli prima da Robert de Sorbon. Giunto, infine, a ventisei anni si fece anche lui prete. Nel medesimo tempo, però, si allontanò dalla teologia per dedicarsi un po' di più alla filosofia. Si lesse tutto quello che c'era da leggere su Locke, Newton, Bacone e La Mettrie, e conobbe di persona gli enciclopedisti.

Le opere

Iniziò con una *Dissertazione sull'esistenza di Dio*, per poi proseguire con un *Saggio sull'origine delle conoscenze umane* (1746). Scrisse quindi un *Trattato dei sistemi* e un *Trattato delle sensazioni* (1754).

Il pensiero

La sua specialità fu quella di essere un *sensista*, cioè di credere più nei sensi che non nella ragione. Nel suo primo saggio comincia dicendo che le idee non nascono dalla sensazione e dalla riflessione messe insieme (come detto da Locke), ma solo dalla sensazione. Poi, grazie a un concatenamento di riflessioni successive (tipo la curiosità, il giudizio, l'approfondimento e la passione), le sunnominate sensazioni finiscono con l'arrivare alla conoscenza.

Famoso l'esempio della statua. Dice Condillac: supponiamo di essere una statua priva di sensi e che Dio a un certo punto della nostra vita ci abbia regalato l'olfatto. Dopodiché, sempre Dio, avvicina al nostro naso una rosa. Noi ne avvertiamo il profumo e proviamo un piacere. Un attimo dopo, però, ci fa sentire anche un odore sgradevole, la puzza di un cadavere ad esempio. Scopriamo così che esistono il piacere e il dolore. La medesima cosa accadrà all'udito, alla vista, al gusto e per ultimo al tatto, il più importante dei cinque sensi. Perché il più importante? Perché è l'unico che ci consente un contatto con noi stessi: quello, cioè, di toccare e di essere toccati.

Sempre per colpa della statua, Condillac fu accusato di plagio da Buffon e da Diderot. Dissero che non era stato lui il primo a usare il paragone della rosa e che perfino la statua che acquista i sensi uno alla volta, non era farina del suo sacco. Peccato! La filosofia dovrebbe essere superiore a queste piccole cose: non è come lo spettacolo, dove ogni battuta viene registrata dalla SIAE e guai a chi la inserisce in un altro copione. A partire da Socrate, infatti, tutti hanno copiato da tutti e chissà che anche Socrate non abbia copiato da qualcuno.

A proposito di Condillac

e della statua, mi sono ricordato di quando, verso la metà degli anni Trenta, mio padre mi gettò in mare dalla rotonda di via Partenope completamente vestito. Mi chiese prima se mi piacesse il mare. Poi, alla mia risposta affermativa, non ci pensò sopra due volte e mi dette una spinta.

La tradizione napoletana vuole che tutti i nati a Santa Lucia (ovvero i luciani) imparino a nuotare così: il genitore li getta in mare all'improvviso e li guarda mentre annaspano, salvo poi gettarsi anche lui se si accorge che rischiano di affogare davvero. Ebbene, ancora oggi conservo la memoria di quella drammatica esperienza. Se poco poco mi è possibile, evito di tuffarmi da un trampolino e preferisco scendere da una scaletta, oppure entrare in acqua lentamente, camminando sulla spiaggia, un piede dopo l'altro, per poi allontanarmi dalla riva.

Gotthold Ephraim Lessing (1729-1781)

XXI
Gotthold Ephraim Lessing

Gotthold Ephraim Lessing è stato il più importante illuminista tedesco. Lo si ricorda come poeta e drammaturgo, ma soprattutto come filosofo pessimista. Lui un solo desiderio aveva nella vita ed era quello di soffrire, ma di soffrire moltissimo, quanto più gli fosse possibile. Figlio di un pastore protestante, visse un'esistenza fatta di sacrifici e mortificazioni. Nacque a Kamenz nel 1729, studiò prima a Lipsia e poi a Berlino. S'impiegò per quattro soldi come bibliotecario a Wolfenbüttel presso il duca di Brunswick e a cinquant'anni s'innamorò di Eva König, una brava donna che gli morì di parto insieme al nascituro. L'anno successivo, nel 1781, morì anche lui e le sue ultime parole furono: «Madonna mia, come sono stato sfortunato!».

La sua opera più importante fu la tragedia *Emilia Galotti* (1772), dove, con la scusa di attaccare gli assassini della protagonista, criticava la corte del principe di Guastalla. Pubblicò anche i *Frammenti di un anonimo*, e altri drammi. Una di queste tragedie, *Nathan il saggio* (1779), ebbe anche un discreto successo di pubblico.

Come filosofo si occupò soprattutto di problemi di religione in opere tipo *Il cristianesimo della ragione* (1753) e

Sulla nascita della religione rivelata (1755). Tra gli altri scritti, infine, sono da ricordare la *Drammaturgia d'Amburgo* e il *Laocoonte* (1767). Niente di allegro, comunque, nemmeno per sbaglio.

In quanto a pensiero filosofico, aveva in odio due categorie di persone: i politici e i religiosi. Un giorno gli scappò detto: «Non esistono religioni vere e religioni false. Esistono solo persone che con la loro capacità di sentire sono in grado di renderle più o meno credibili».

A proposito di Lessing,

il mezzo bicchiere vuoto e il mezzo bicchiere pieno hanno sempre diviso l'umanità in due razze distinte. Io, grazie a Dio, appartengo alla seconda categoria, a quella degli ottimisti con misura. Per consolarmi non mi è sufficiente pensare agli inconvenienti che ho evitato, ma cerco di evitarli anche nel prossimo futuro.

Esempio: la settimana scorsa ho preso un aereo Milano-Roma e all'arrivo non mi è stata restituita la valigia. Dentro c'erano tante cose indispensabili: il libretto degli assegni, le rubriche telefoniche senza le quali mi sento perso, le chiavi di casa e perfino una foto piccolissima del mio primo amore. Per consolarmi non ho pensato a una possibile caduta dell'aereo fortunatamente non avvenuta, ma ho deciso che da oggi in poi avrò sempre un doppio mazzo di chiavi, uno con me e uno da lasciare a casa di un amico per sicurezza, e il duplicato di tutti quei documenti che ritengo importanti.

Gaetano Filangieri (1752-1788)

XXII
L'illuminismo napoletano

La parola «illuminismo» già dice tutto! È una luce che arriva lì dove fino a qualche minuto prima c'era il buio. E non a caso il suo motto era *Sapere aude*, ovvero «osa sapere». Detto in altre parole l'illuminismo è stata una corrente di pensiero ricca di ottimismo, una filosofia di vita che diceva (in dialetto): «*Piccerì, cerca cerca, ca primma o poi truvarrai quaccosa*». Tra gli illuminismi più importanti del XVIII secolo si ricordano quello francese, quello inglese, quello tedesco, quello milanese e, perché no, anche quello napoletano.

A Napoli si formò un gruppo di intellettuali, detto degli «investiganti», che consideravano la Chiesa il loro nemico pubblico numero uno e, ovviamente, Cartesio il loro santo protettore. I primi «investiganti» furono in ordine di tempo Pietro Giannone, Antonio Genovesi, Gaetano Filangieri e Mario Pagano, tutte persone che mi ricordano la mia prima gioventù, quella passata a Napoli tra scuole, piazze e vie tutte intestate con i loro nomi.

PIETRO GIANNONE

Pietro Giannone in verità non era nato a Napoli ma a Ischitella, in provincia di Foggia, nel 1676. In compenso pubblicò una *Istoria civile del Regno di Napoli* (1723) che fu tradotta in varie lingue e che fu molto apprezzata da alcuni intellettuali stranieri tra cui Voltaire e Montesquieu. Lui, Giannone, pover'uomo, pur di contrastare la religione cattolica, si convertì alle teorie calviniste e affermò l'autonomia dello Stato. Non lo avesse mai fatto! Venne subito arrestato e persuaso con le buone, ma soprattutto con le cattive, a firmare un atto di abiura nei confronti di Calvino. Scomunicato dall'arcivescovo di Napoli, si rifugiò a Vienna, poi, dopo vario peregrinare, approdò a Torino dove fu arrestato. Sfruttò, però, la tranquillità della cella per scrivere le sue opere migliori: *I discorsi sulle deche di Tito Livio*, *L'apologia della scolastica*, un libro sul pontificato di Gregorio Magno e una *Vita scritta da lui medesimo*. Pare, infatti, che non ci sia nulla di meglio del carcere per chi vuole scrivere di filosofia. Si trovò così bene che decise addirittura di morirci. Eravamo nel 1748.

La sua opera più nota, l'*Istoria*, aveva come primo intento quello di raccontare la lotta tra il Regno di Napoli e la Curia romana. Nel saggio viene detto che il cattolicesimo, lungi dall'essere quella religione sempre disposta a porgere l'altra guancia, era quanto di più razzista si possa immaginare. Giannone, infatti, chiama le tecniche della Chiesa le *piae fraudes*, ovvero gli inganni religiosi.

Nell'altra sua opera famosa, il *Triregno* (uscita postuma), rincarò la dose: sostenne la completa soppressione del Papato e della gerarchia della Chiesa, esaltando il deismo e il materialismo.

ANTONIO GENOVESI

L'abate Antonio Genovesi nacque nei dintorni di Salerno nel 1713 e morì a Napoli nel 1769. Cominciò come discepolo di Giambattista Vico e fu, in pratica, l'inventore dell'economia politica. Aveva una cattedra (la prima in Europa) dove insegnava come si fa a produrre dei beni e soprattutto come si fa a venderli. Attenzione, però, a non confonderlo con un mercante.

Diceva il Genovesi: «Che cosa desidera l'uomo sopra ogni cosa al mondo? Fuggire il dolore. E che può fare per evitarlo? Guadagnare un pochino di più del necessario in modo da non dover dipendere da nessuno». Dopodiché invitava i suoi ascoltatori a non trascurare la cultura, e a tale proposito citava quattro regole fondamentali:
1) Diffondere la civiltà quanto più sia possibile.
2) Introdurre l'ordine e l'economia nelle famiglie.
3) Utilizzare il talento avuto da Dio.
4) Rendere più conosciute le arti e le scienze.

A conclusione, poi, di questi pensieri, invitò tutti i napoletani alla «cultura delle cose», ovvero a dedicarsi un po' di più ai fatti e un po' di meno alle parole, ovvero a imitare i milanesi.

Tra le sue opere maggiori citiamo le *Lezioni di commercio* (pubblicate nel 1765, dove mise in evidenza quante persone, a Napoli, non lavoravano e campavano sulle spalle degli altri), *La dottrina del giusto e dell'onesto*, *Le meditazioni filosofiche sulla morale e sulla religione*, la *Logica* e le *Scienze metafisiche*, tutti libri per i quali rischiò di fare la fine di Giannone se non avesse avuto le sue buone protezioni.

GAETANO FILANGIERI

Gaetano Filangieri, figlio di Cesare Filangieri, principe di Arianello, e di Marianna Montaldo, duchessa di Fragnito, nacque a Napoli nel 1752. Ebbe una vita alquanto movimentata: fece prima l'ufficiale in un reggimento di alabardieri, poi l'avvocato e per ultimo il filosofo. Fu forse il più tipico rappresentante dell'illuminismo. Scrisse un saggio intitolato *Riflessioni politiche sull'amministrazione della Giustizia* (1774), dove sosteneva il principio (nuovissimo per quei tempi) secondo il quale «LA GIUSTIZIA È UGUALE PER TUTTI», sia per i poveri che per i potenti. Per questo fu duramente contestato, soprattutto dai potenti. Il libro, comunque, ebbe un grande successo e fu addirittura tradotto in inglese e portato in America da Benjamin Franklin. Altra sua opera importante fu la *Scienza della legislazione* (1780-85), dove stese un progetto di riforma sociale che avrebbe dovuto risolvere anche i problemi economici dei meno abbienti. Conobbe Goethe di persona e questi lo citò anche nel suo *Viaggio in Italia*. Morì nel 1788 mentre era in vacanza a Vico Equense.

MARIO PAGANO

A sedici anni m'innamorai di una ragazzina che andava in quinta ginnasio al Mario Pagano. Lei aveva la mia età e si chiamava Concetta, nome oggi non più in uso a Napoli perché sostituito da centinaia di Deborah con l'h e di Jessika con la k.

A quei tempi, diciamo la verità, io non sapevo nulla di Mario Pagano e solo oggi apprendo che è stato un importante illuminista napoletano.

Francesco Mario Pagano nacque in provincia di Potenza nel 1748. Trasferitosi in Campania, studiò sotto la guida di uno zio prete e divenne prima professore di Economia all'Università di Napoli e poi avvocato dei poveri. Era, in pratica, quello che noi oggi chiamiamo il difensore di ufficio. A forza, però, di schierarsi a fianco dei delinquenti più bisognosi finì con l'essere sospettato di attività sovversive e messo in galera. Nel 1799, infine, con l'avvento della Repubblica Partenopea, salì al potere e venne incaricato di elaborare una nuova Costituzione. Purtroppo, però, tempo cinque mesi, arrivò Nelson e lo consegnò ai Borbone che mandarono a Poggioreale la bellezza di centodiciannove rivoltosi, tra cui il nostro Mario Pagano. Lo impiccarono in piazza del Carmine.

Tra le sue opere più importanti: *Considerazioni sul processo criminale* (1787), *Saggi politici* (1791-92).

A proposito dell'illuminismo napoletano,

se c'è un popolo che non ha bisogno di essere illuminato quello è il mio. Dipendesse da me, vorrei che tutti i napoletani somigliassero quanto più possibile ai padani. Mi piacerebbe, cioè, che parlassero di meno, che fossero più concreti, e soprattutto che si interessassero di più ai fatti propri e meno ai fatti degli altri.

Guai, però, a parlare di «filosofia napoletana»! È un'espressione che detesto e che purtroppo mi viene attribuita, un giorno sì e un giorno no, come se ne fossi io l'inventore.

XXIII
L'illuminismo milanese

Dicendo caffè si pensa subito a Napoli e invece bisognerebbe pensare a Milano. «Il Caffè», infatti, fu una rivista letteraria e filosofica pubblicata a Milano da un gruppo di illuministi, anche detti «Quelli della Società dei Pugni» o Accademia dei Pugni. Cosa c'entrassero i pugni non si è mai capito.

Comunque, buoni o cattivi che fossero, erano anche i maggiori *philosophes* in circolazione in quel periodo e si proponevano di rinnovare culturalmente e socialmente la Lombardia e l'Italia.

All'inizio tutto cominciò come se si trattasse di una recita: ognuno si sceglieva un nome dell'antichità classica e arrivava alle riunioni avvolto in una tunica bianca: Pietro Verri si faceva chiamare *Silla*, Cesare Beccaria si scelse come nome *Pomponio Attico*, Antonio Menafoglio *Lucullo*, e Giovan Battista Biffi *Cicerone*. Nessuno volle accettare il nome di Nerone. Poi, a poco a poco le discussioni cominciarono ad animarsi e i partecipanti si resero conto di aver dato vita a un movimento d'opinione.

PIETRO VERRI

Per essere un filosofo lo era, seguace del sensismo e fine economista, anche se, a esaminare con maggiore attenzione il suo pensiero, fu soprattutto un politico. Non per niente si occupò di tasse e si chiese se non erano troppo onerose e soprattutto se erano giuste quelle inflitte al popolo. Le sue *Meditazioni sull'economia politica* (1771) ebbero sette edizioni e furono lette un po' dovunque in Europa.

Pietro Verri nacque a Milano nel 1728 e, come quasi tutti i protagonisti del nostro libro, cominciò a studiare dai gesuiti. Era figlio di un conte, ma, essendo suo padre un alto funzionario del governo austriaco, ci litigò fin da subito. Purtroppo era «di estrema sinistra» e non faceva nulla per nasconderlo. Aveva anche l'erre moscia, come Fausto Bertinotti.

La prima cosa che scrisse fu la *Borlanda impasticciata*, una satira contro il regime, dopodiché pubblicò due saggi, entrambi satirici, intitolati rispettivamente *Gran Zoroastro* e *Mal di milza*.

«Il Caffè», invece, fu una rivista dalla vita quanto mai breve: uscì nel giugno del 1764 e morì nel maggio del 1766 per mancanza di fondi. Ci scrissero tutti gli intellettuali residenti a Milano in quel periodo.

Per capire, però, fino in fondo il pensiero filosofico di Pietro Verri è necessario dare uno sguardo anche alla sua vita privata. Ebbe una relazione intensa con Maddalena Isimbardi, la sorella di Cesare Beccaria,[*] poi, una volta ar-

---

[*] A proposito di relazioni, questi illuminati milanesi non scherzavano, anche se non si potevano paragonare ai francesi tipo Voltaire: per esempio, il povero Cesare Beccaria, oltre alla sorella, aveva una figlia, Giulia, la madre di Manzoni, che relazionava anche lei.

rivato alla soglia dei cinquanta, si prese una sbandata formidabile per la propria nipotina ventiduenne, la bellissima Maria Castiglione. Ovviamente tutta la famiglia gli si schierò contro. Giudicarono troppo vecchio lui e troppo giovane lei, e, come se non bastasse, un suo zio monsignore tentò perfino di farlo internare. Fu a questo punto, allora, che il nostro Pietro tirò fuori il suo pensiero filosofico. Ecco cosa disse, parola più, parola meno, ai suoi parenti:

Carissimi genitori, carissimo zio, non so se vi siete resi conto che la vita è molto breve e che io tra pochi anni sarò costretto a morire.
Ciò premesso: se accanto alla mia Marietta posso vivere felice ancora per una decina di anni, a voi che ve ne frega se sono troppo vecchio e se lei è troppo giovane? Pensate alla vostra vita che io penserò alla mia. Tantissimi auguri.

Non a caso, a distanza di pochi mesi, scrisse le *Meditazioni sulla felicità* e il *Discorso sul piacere e sul dolore* (1773) dove sostenne la tesi che anche il dolore alla fin fine è da ritenersi un affare, in quanto senza il dolore non potremmo apprezzare il piacere, tesi questa ripresa poi anche da Kant. «Tra il dolore e il piacere» dice il filosofo prussiano, «quello che si affaccia per primo è sempre il dolore. Poi, dopo una piccola pausa, si presenta il piacere.»

ALESSANDRO VERRI

Fratello minore del precedente, nacque a Milano nel 1741. Oscurato in certo qual modo dalla fama di Pietro, collaborò anche lui al «Caffè», intervenendo, però, con considerazioni ancora più critiche. Ce l'aveva, in particolare, con tutti quelli che, una volta raggiunto il successo,

Cesare Beccaria (1738-1794)

credono di essere diventati chissà che cosa, e in un articolo scrisse: «L'uomo fa degli sforzi per arrampicarsi sullo scoglio della verità, poi, una volta in cima, fanciulleggia. E allora, io dico: cerchiamo di essere un pochino più modesti, dal momento che l'origine dei nostri errori, anche se rari, ce la portiamo sempre addosso».

Un bel giorno scoprì Roma e s'innamorò della marchesa di Boccapadule. Tradusse in prosa l'*Amleto* e l'*Otello* e scrisse dei romanzi che ebbero un discreto successo di pubblico, quali, per esempio, *Le avventure di Saffo* (1780) e le *Notti romane* (1804). Morì a Roma nel 1816.

CESARE BECCARIA

È in pratica il santo protettore dei condannati a morte, del tutto sconosciuto in Cina e in alcune parti degli Stati Uniti. Figlio del marchese Giovanni Saverio Beccaria e di donna Maria Visconti, nacque a Milano nel 1738. Educato dai gesuiti di Parma, si laureò in legge e avrebbe di certo fatto l'avvocato se non avesse letto le *Lettere persiane* di Diderot. Da quel momento si appassionò a tal punto alla filosofia che non volle leggere più niente che non avesse un risvolto filosofico. Determinante, infine, fu il suo incontro con i fratelli Verri. Consigliato da questi ultimi, scrisse un saggio intitolato *Disordini e rimedi delle monete nello Stato di Milano* (1762), e, due anni dopo, il famoso *Dei delitti e delle pene* (1764), un'opera che lo rese popolare in tutti i paesi civili. In particolare, durante un soggiorno a Parigi, Diderot, d'Alembert e d'Holbach lo riempirono di lodi, per non parlare, poi, di Voltaire che gli dedicò una specie di osanna per le sue idee contro la tortura, il che provocò la gelosia dei fratelli Verri che si sentirono defraudati:

Pietro Verri aveva scritto, fra l'altro, *Osservazioni sulla tortura*.

Ebbe, però, anche delle critiche: un monaco, tale Ferdinando Facchinei, lo accusò di vilipendio alla religione. Lui, allora, temendo un processo per eresia, cercò di svignarsela all'estero, ma non fece in tempo ad arrivare alla frontiera che fu arrestato.

I suoi temi preferiti furono la pena di morte e la tortura. Nei confronti della prima mise giù tre ragioni che ne sconsigliavano l'uso:

1) Come non si è padroni di uccidere se stessi, così non si è padroni di uccidere un altro.

2) È dimostrato che la pena di morte non ha mai dissuaso nessuno dal commettere un omicidio.

3) La pena di morte è un atto contraddittorio. Le leggi non possono, nel medesimo tempo, proibire l'omicidio e poi consigliarlo come pena.

A parte la pena di morte, si scagliò anche contro qualsiasi forma di tortura.

«Un delitto» dice «o è certo o è incerto. Se è certo è inutile stare a torturare il condannato. Se, invece, è incerto, come si fa a capire se la sua è stata una vera confessione, o se ha semplicemente ceduto sotto il peso del dolore?»

Nel 1771 Beccaria accettò incarichi pubblici e si distinse come riformatore amministrativo e giudiziario. Morì a Milano nel 1794.

A proposito di Beccaria

e della pena di morte, io non ho dubbi: sono per la pena di morte facoltativa. È *l'imputato che deve stabilire se vuole o no essere condannato a morte.* Un po' come decise Socrate quando gli chiesero di autoinfliggersi una pena alternativa. Lui, dopo averci pensato su un attimo, si dichiarò disposto a pagare una piccola multa in denaro, ovvero una pena ridicola se messa al confronto con la pena di morte, e a quel punto gli Eliasti non ebbero più dubbi e lo condannarono a bere la cicuta.

D'altra parte, come non preferire la soluzione finale a quella del carcere? Prendiamo il mio caso: ho già vissuto la maggior parte della vita e mi si chiede se preferisco l'ergastolo in una cella buia e stretta, a contatto con tre estranei maleodoranti, o un'iniezione letale che mi spedisca all'altro mondo nel giro di pochi secondi. Non avrei dubbi.

David Hume (1711-1776)

XXIV
David Hume

Quando qualcuno va sempre al sodo, noi diciamo che è uno pratico. In filosofia, invece, si dice che è un *empirista*. Avevamo già incontrato degli empiristi sul nostro cammino, tipo Hobbes e Locke, ora, però, con Hume, avremo a che fare con un empirista che più empirista non si può.

La vita

David Hume nacque a Edimburgo nel 1711. Da studente si dedicò ai classici latini e greci e fece contento suo padre diventando avvocato. I risultati, però, furono alquanto modesti, almeno dal punto di vista economico, e allora lui decise di darsi all'insegnamento. Dopo aver tentato inutilmente di farsi assegnare una cattedra dalla locale università, s'impiegò come istitutore privato presso una famiglia aristocratica, poi come uomo di compagnia (oggi si direbbe *badante*) di un marchese malato di mente e infine come segretario personale di un generale pieno di soldi. Nessuno di questi mestieri, però, lo rese felice. D'altra parte, a quei tempi, c'era poco da scegliere: o ci s'impiegava in casa di uno ricco o si faceva il disoccupato. Comunque, a forza di cambiare, si beccò un forte esaurimento nervoso e un medico gli disse di curarselo bevendo almeno «una pinta di vino» al giorno. Così, bevi oggi e bevi domani, nel giro di un paio di anni il nostro Hume divenne più un ubriacone che un empirista.

A trentatré anni si trasferì in Francia, prima a Reims e poi a La Flèche, sempre, però, senza essere considerato un granché dai suoi contemporanei. Un secondo tentativo per avere una cattedra a Glasgow andò a monte come il primo, e questa volta per colpa delle autorità ecclesiastiche che lo avevano preso in antipatia a causa di certi suoi scritti alquanto polemici. Anzi, per dirla tutta, alcuni monsignori tentarono anche di farlo scomunicare. Poi, grazie a Dio, riuscì a squagliarsela e se ne tornò a Parigi, dove conobbe Rousseau. L'incontro fu quanto di più negativo si possa immaginare. Tempo una settimana si presero a male parole e se non vennero alle mani fu solo perché tra filosofi non si usa.

Hume era un ciccione. Pesava più di cento chili. Dopo i sessanta si beccò un tumore allo stomaco e morì a Edimburgo, a casa sua, nel 1776. I suoi ultimi saggi uscirono postumi.

Le opere

La più importante fu la prima: il *Trattato sulla natura umana* (1739-40). Lui la fece pubblicare quando era ancora un giovincello e come previsto non ebbe alcun successo. Non solo, il saggio venne definito «un autentico aborto di stampa». Si trattava di un testo diviso in tre volumi: la *Logica*, la *Conoscenza* e le *Passioni*. Hume, però, non si avvilì per così poco: lo scrisse e lo riscrisse diverse volte e ogni volta gli affibbiò dei titoli nuovi: tipo la *Ricerca sull'intelletto umano* (1747), la *Ricerca intorno ai principi della morale* (1751), oppure i *Dialoghi sulla religione*.

Tra i suoi lettori, comunque, va ricordato Kant che commentò il *Trattato* dicendo: «Mi ha svegliato dal mio sonno dogmatico».

In seguito pubblicò altri saggi, tra cui una celebre *Storia della Gran Bretagna* (1754-57), e questa volta con un successo tale da diventare quasi ricco grazie ai diritti d'autore.

Il pensiero

A Hume, più che la natura, interessava l'uomo. A lui premeva capire quello che l'uomo pensava della vita e della morte. Algebricamente parlando si potrebbe dire che Newton stava a Hume come Talete stava a Socrate. La natura, diceva Hume, in tanto esiste in quanto esiste qualcuno che la osserva. Un panorama è bello solo se c'è almeno uno spettatore che lo vede. A volte, poi, lo stesso panorama può diventare ancora più bello se abbiamo la fortuna di vederlo insieme a una persona a noi cara. In questo caso, infatti, lo vediamo due volte, una volta con gli occhi nostri e una seconda volta con quelli della persona amata. (A me questo capita a Capri ogniqualvolta riesco a portarci qualcuno che non ha mai visto i Faraglioni.)

La conoscenza è data da una connessione tra impressioni e idee. Esiste, comunque, una grande differenza tra le idee e le impressioni, giacché le prime sono caratterizzate dall'ordine e le seconde dal disordine. E non basta: le idee si possono a loro volta dividere in idee semplici e in idee complesse. Quelle semplici, tipo il rosso o il caldo, non pretendono un giudizio critico. Quelle complesse, invece, come il bello e il brutto, coinvolgono ognuno di noi e cambiano da persona a persona, e, a volte, cambiano anche di momento in momento. Tra le idee poi, precisa Hume, può esistere una forza di attrazione simile a quella che Newton attribuisce ai gravi. Noi la chiamiamo «associazione di idee». Lui la chiamava «*dolce forza che comunemente s'impone*».

Quello, però, che a Hume interessava sopra ogni cosa era la misura e non sempre la misura andava d'accordo con la filosofia. Un giorno, a un allievo che si mostrava troppo osservante dei dettami della filosofia, lui prima fece i complimenti e un attimo dopo gli disse:

Bravo, si vede che hai studiato, ricordati, però, di essere anche un uomo, uno, cioè, che è in grado di scendere a patti con l'esperienza. Peira in greco vuol dire «prova», ma vuol dire anche «esperienza», ed è quella che di volta in volta ci consiglia. Tanto per farti un esempio, tutti ti diranno di dire sempre la verità, eppure non sempre la verità fa felici quelli che ti stanno vicino. E allora che fare? Dirla o non dirla questa maledetta verità? Chiedi consiglio alla peira.

In sintesi, con David Hume l'empirismo sfociò nello scetticismo.

A proposito di Hume,

non ho potuto fare a meno di pensare che sarebbe stato un ottimo programmatore di computer. Il suo modo di ragionare, infatti, era quello che in genere si usa nell'informatica. Lui procede sempre con logica binaria. A ogni domanda risponde sempre con un «sì» o con un «no», mai con un «forse». Per rendersene conto basta dare uno sguardo ai titoli dei capitoli del suo Trattato sulla natura umana.*

– Lo scetticismo e la ragione.
– L'orgoglio e l'umiltà.
– Il vizio e la virtù.
– Il bello e il brutto.
– L'amore e l'odio.
– La benevolenza e la collera.
– Il rispetto e il disprezzo.
– La libertà e la necessità.
– La vicinanza e la distanza.
– La giustizia e l'ingiustizia.

Mai un titolo che ammetta una mezza misura, laddove io, nel corso della mia vita, non ho mai trovato qualcuno che fosse completamente buono o completamente cattivo. A volte perfino lo scetticismo e la ragione si mischiano insieme come se fossero il caffè e il latte in un cappuccino.

* David Hume, Trattato sulla natura umana, edizioni Laterza.

Jean-Jacques Rousseau (1712-1778)

XXV
Jean-Jacques Rousseau

A essere sincero, Rousseau non mi è mai stato simpatico! Detto questo, a volte credo di averlo capito e altre volte no. Adesso, comunque, provo a raccontarlo.
Se Cartesio ragionava, Rousseau sragionava, o, se preferite, amava. Ma chi amava? Be', diciamo tutti e nessuno. Quello che è certo è che non riusciva a comunicare con anima viva. Oggi lo si definirebbe un autistico, uno, cioè, capace di parlare solo con se stesso. Per alcuni è stato l'inventore del socialismo, per altri il teorico del sentimento interiore, e per altri ancora (tra cui Diderot e Voltaire) un'anima dannata.

La vita

Jean-Jacques Rousseau nacque a Ginevra nel 1712. La mamma gli morì di parto e lui, fin da piccolo, fu allevato dal padre, un orologiaio tanto onesto quanto povero. Da giovane cominciò a guadagnarsi la vita facendo l'incisore di metalli. All'inizio frequentò una scuola calvinista, poi, però, non potendone più dei suoi maestri se la squagliò e s'impiegò come domestico presso una certa Madame de Vercellis. Tre mesi dopo la signora morì e nelle tasche di Rousseau fu trovato un gioiello di proprietà della nobildonna. Lui, malgrado fosse innamorato di una delle cameriere, l'accusò di averglielo messo in tasca e la fece condannare per furto. Da quel momento si mise a girare per mezza Europa in cerca di lavoro. Di mestieri ne fece tanti, forse troppi: fu apprendista scrivano, operaio, insegnante di musica, impiegato del catasto e perfino cameriere in un ristorante a Torino. A un certo punto ebbe un incontro determinante: conobbe una certa Madame Éléonore de Warens, una donna più anziana di lui di circa trent'anni, che gli fece da agente letterario, da amica e da amante. Lui la chiamava «mamma» e lei lo chiamava «piccolo».

Madame de Warens lo presentò ai più importanti filosofi di quel periodo e lui, puntualmente, litigò con tutti. Lei lo costrinse a frequentare i salotti più *à la page* e lui fece il possibile per rendersi antipatico. È Rousseau stesso a dircelo nelle *Confessioni*: «Purtroppo ero un individuo infrequentabile».

A trentadue anni trovò un'occupazione fissa: fu nominato segretario d'ambasciata a Venezia. Qui, però, non fece in tempo ad affacciarsi sul Canal Grande che litigò con il proprio datore di lavoro, l'ambasciatore Montaigu, e, come se non bastasse, venne anche alle mani con una prostituta di Mestre. Non essendo riuscito a portare a termine il rapporto sessuale, si sentì preso in giro. Al che decise di non frequentare più le donne per tutto il resto della vita. Poi, come sempre, cambiò parere e si mise con una certa Thérèse Levasseur, una popolana parigina più ignorante che sexy. Se la prese in casa per metà come amante e per metà come cameriera. Grazie a lei, mise al mondo cinque figli, tutti finiti in orfanotrofio. «Facevano troppo chiasso» disse un giorno a un amico, «e non mi lasciavano studiare.»

In tarda età raccolse l'invito del marchese di Girardin e andò a vivere in un castello a Erménonville. Poi un giorno, mentre scriveva un saggio sul pericolo delle *Passeggiate solitarie*, morì proprio nel corso di una passeggiata solitaria. Stava attraversando un campo di granturco quando venne colpito da un'insolazione e si accasciò al suolo inerte. Era il 1778.

Le opere

Vivendo quasi sempre in casa e scrivendo dalla mattina alla sera, pubblicò moltissime opere. Cominciò con un *Discorso sulle scienze e sulle arti* per poi proseguire con due lavori teatrali, *L'indovino del villaggio* e il *Narciso*. Quindi, come si dice, scese in campo, cioè entrò in politica, e pubblicò il *Discorso sull'origine della ineguaglianza fra gli uomini* (1755), un saggio che anticipava di un secolo Karl Marx. È superfluo precisare che l'opera lo rese antipatico a tutte le autorità politiche della zona. In Svizzera gli tolsero addirittura il saluto. Le critiche più feroci, però, le ebbe quando uscì l'*Enciclopedia* di Diderot e d'Alembert. Lui ne disse peste e corna e Voltaire, per tutta risposta, lo accusò di aver abbandonato i figli in un orfanotrofio come se fossero stati dei cagnolini. Tra il 1758 e il 1762, infine, ospite del maresciallo di Luxembourg nel castello di Montmorency, pubblicò le sue opere più importanti, ovvero il romanzo epistolare *La nuova Eloisa* (1761), la celebre opera pedagogica *Emilio* (1762) e *Il contratto sociale* (1762).

Il pensiero

Che Rousseau credesse in Dio è sicuro: ciò nonostante, sotto sotto, anche lui non poteva fare a meno di dubitare. Un giorno, in una lettera a un'amica, scrive testualmente: «Madame, a volte nel buio della notte penso che Dio non esiste. Poi, magari un minuto dopo, solo un minuto, vedo sorgere il sole dietro le colline e mi inginocchio facendomi il segno della croce».

Per lui l'uomo nasce buono per natura, salvo, poi, diventare un farabutto per colpa della società. A seguire i suoi ragionamenti, lo si potrebbe definire un comunista religioso. Ogni comunità, dice, ha i suoi interessi generali che non sempre coincidono con quelli individuali.

Sull'origine dell'ineguaglianza tra gli uomini ebbe una intuizione degna di nota: sostenne che tutto (il male) nacque quando il primo uomo preistorico decise di recintare un pezzo di terra e di appropriarsene, escludendo gli altri dai frutti di quella proprietà. Può darsi che sia andata così, ma vai a scoprire il colpevole, dopo decine di migliaia di anni...

Rousseau scorge Dio «dappertutto». Nell'*Emilio* ci sono molti passi in cui la fede emerge senza alcuna ombra di dubbio. Ecco le frasi più significative:

Mi rifiuto di credere che una fatalità cieca abbia potuto produrre esseri umani che pensano.

Una macchina non può pensare, e non esiste spazio, per quanto grande lo si possa immaginare, che sia in grado di contenere i desideri, i sentimenti e le inquietudini di un uomo.

Non sono certo i filosofi a conoscerci. Un selvaggio ci giudica più saggiamente di quanto non riesca a fare un filosofo.

Non esiste un uomo che, venendo a conoscere il vero e il falso, non preferisca il suo falso al vero sbandierato da un altro.

L'uomo è naturalmente buono e una volta che ha pranzato è amico di tutti gli altri uomini.

Jean-Jacques Rousseau

A detta di Rousseau, le idee migliori gli vennero durante un viaggio, quello che fece per andare a trovare Diderot in carcere, a Vincennes. Ecco come ce lo racconta:

Avevo in tasca una copia del «Mercure de France» e gli occhi mi caddero su quanto era stato detto all'Accademia di Digione sulle Scienze e sulle Arti. Ebbene, fui preso da un grande turbamento. Il mio cervello rimase abbagliato da mille luci e altrettante idee mi si affollarono nella mente. Fui colto da una vertigine simile all'ebbrezza.

Diderot commentò quest'ultima frase dicendo: «Era un barile di polvere inesplosa. A starlo a sentire sembrava quasi di parlare col Diavolo». E Voltaire, per non essere da meno, aggiunse: «Leggerlo mi fa venire la voglia di camminare a quattro zampe».

Per concludere, il pensiero di Rousseau che più mi ha colpito è il come s'immaginava che fossero gli spartani. Ce lo racconta in un libro.

Un giorno Pedarete, uno spartano, si presenta per essere ammesso nel Consiglio dei Trecento e viene respinto. Lui, però, non s'arrabbia più di tanto, anzi ne è felice. «Vuol dire che a Sparta ci sono trecento uomini che sono migliori di me.»
Un'altra volta, invece, una donna, sempre spartana, madre di cinque figli, chiede a un reduce dell'esito di una battaglia, e, avendo saputo che i suoi cinque figli erano tutti morti, esclama: «Stupido, non è dei miei figli che ti ho chiesto, ma di come sia finita la battaglia. Voglio solo sapere se gli spartani hanno vinto o hanno perso».

Il libro fu giustamente mandato al rogo e lui messo in galera.

A proposito di Rousseau,

mi sono ricordato di un altro compagno di classe. Lui si chiamava Orsomanno ma tutti lo chiamavamo Orso per via del carattere. Era intelligentissimo, ma non apriva mai bocca. Il primo giorno che si presentò in classe pensammo che fosse muto. Era capace di risolvere un sistema di equazioni di secondo grado, scritto sulla lavagna, guardandolo solo da lontano e senza mai usare la penna. Quanto a parlare, invece, niente di niente. Se gli si poneva una domanda rispondeva solo «sì», «no», o «non lo so». Negli scritti andava benissimo, negli orali malissimo. Quando la professoressa lo interrogava faceva scena muta. Mai una volta che sia venuto con noi a giocare a pallone alla villa comunale. Un giorno lo invitammo a una festa per il compleanno di Lauretta, la più bella del liceo. A lui Lauretta piaceva. Io di questo ero sicuro. Anche perché quando la vedeva all'uscita dalla scuola, si bloccava per un attimo. Ebbene lui, quella sera della festa, arrivò, disse «auguri» a Lauretta e se ne andò. Chissà che fine ha fatto?

XXVI
Marchese di Sade

«Che si deve fare per essere considerati filosofi?» Per alcuni basterebbe pensare, per altri, invece, essere diversi. Ma diversi fino a che punto? Il marchese di Sade, ad esempio, in quanto a diversità non aveva da invidiare niente a nessuno; in quanto a filosofia, invece, ci sarebbe da discutere. Io, su ventiquattro manuali di filosofia che ho in casa, l'ho trovato solo in uno, quello di Armando Plebe per le edizioni Ubaldini. Lui, brav'uomo (brav'uomo si fa per dire), non ha mai creduto di essere un filosofo. Diciamo che siamo stati noi a definirlo tale.

La vita

Donatien-Alphonse-François, conte, detto marchese di Sade, signore di Lacoste, di Saumane, di Mazan, di Bresse, di Bugey, di Valromey e di Gex, nasce a Parigi il 2 giugno del 1740 nel palazzo del principe di Condé, suo lontano parente. Tra i suoi antenati ci sarebbe anche la famosa Laura del Petrarca. A farlo diventare un sadico contribuì moltissimo un suo zio paterno, l'abate d'Ebrueil, un prelato metà studioso e metà libertino (più libertino che studioso).

L'infanzia Sade la passò giocando col principino Louis-

Marchese di Sade (1740-1814)

Joseph di Borbone, e si dice (ma potrebbe anche non essere vero) che si divertissero entrambi a torturare i cagnolini. Comunque, una volta raggiunta la maggiore età, Sade divenne ufficiale di cavalleria e partecipò alla guerra dei Sette anni. Si fidanzò prima con Laura Vittoria de Lauris (suo unico e grande amore) e poi con la ricca ereditiera Renée Pélagie de Montreuil che sposò. Una volta diventato ricco, la sua vita fu un continuo passare da un letto a un'alcova senza mai un attimo di pausa. Come prima cosa violentò una povera diciottenne, poi iniziò tutta una serie di relazioni eterosessuali, bisessuali e omosessuali con domestici, attrici, ballerine, ragazzi di vita e donne di malaffare. Il padre di una delle vittime tentò anche di ucciderlo, ma sfortunatamente non ci riuscì.

Nel 1768, a place des Victoires, convinse una giovane mendicante, Rose Keller, a seguirlo a casa. Poi, con la scusa di farle fare un gioco, prima la legò sulla tavola da pranzo, poi la frustò e infine la stuprò. Quindi la chiuse in una cantina e ogni sera, subito dopo cena, tanto per mantenersi in esercizio, la frustava di nuovo. La Keller, però, riuscì a liberarsi e lo denunziò. Sade finì in galera, ma di lì a pochi giorni uscì più cattivo che mai e commise altri crimini: sodomizzò una cognata suora, legò quattro ragazze in una stalla facendosi aiutare da un domestico soprannominato *La Jeunesse*, torturò una vicina di casa non sana di mente, si fece spedire cinque ragazze minorenni da Lione e dette inizio al cosiddetto *Affaire des petites filles*, meglio conosciuto come *Le 120 giornate di Sodoma* (1782-85). Nel 1775 scese in Italia: visitò Firenze, Roma e Napoli, e nel corso di questo viaggio riuscì ad andare in galera altre tre volte. Tra manicomio e carcere trascorse «in cattività» il cinquanta per cento della sua esistenza. Tutto questo finché il 2 dicembre del 1814, come volle Iddio, non scese all'Inferno, una volta per tutte.

Nel suo testamento si legge: «Desidero essere cremato. Fate in modo che il mio corpo scompaia per sempre dalla faccia della terra, così come spero scompaia anche il mio nome».

Il pensiero

Il sadismo impone subito una domanda: come mai un essere umano può godere osservando un'altra persona che soffre? Ebbene, ecco una spiegazione: a detta degli psicanalisti, l'uomo sente il bisogno di provare a se stesso la propria esistenza. A dirlo sono Hegel e Fukuyama.

Dice Hegel: l'uomo non desidera solo il proprio benessere, vuole anche essere riconosciuto. E Fukuyama aggiunge: la stima che l'uomo ha di se stesso è direttamente proporzionale all'attenzione che raccoglie dal prossimo. Gli altri, però, debbono testimoniare che lui esiste e, se non lo fanno, lui fa di tutto perché questo avvenga.

Lo so: è difficile da credere, ma anche dubitare di esistere è un problema difficile da sopportare. Che poi lui, Sade, tutte queste malvagità le abbia commesse davvero non ne sono affatto sicuro. So solo che le ha raccontate benissimo, e con tali dettagli, che, a volte, si fa fatica ad arrivare fino alla fine delle sue storie.

Ecco qui di seguito un passo del romanzo *Justine*. A parlare è il domestico.

«Siete pronta?» le chiese il conte.
«A tutto, signore» rispose lei, «sapete bene che sono la vostra vittima.»
Allora il signore di Gernande mi disse di spogliarla e io, nonostante la ripugnanza che provavo, fui costretto a collaborare. Le tolsi la zimarrina e la condussi tutta nuda vicina al suo uo-

mo. Lei stava in piedi e gli mostrò quella parte del corpo che sapeva essere da lui come la più gradita e che lo stesso conte aveva già omaggiato sulla mia persona.

Per capirne di più bisognerebbe leggere il libro di Yukio Mishima intitolato *Madame de Sade*. Nel dramma agiscono quattro donne, tra cui la moglie e la suocera di Sade. L'unica che lo difende è la moglie.

Quando accade un fatto inquietante la folla non vede che le apparenze, come uno sciame di mosche che sta su un cadavere. La mia, invece, è una realtà difficile da definire. Sarebbe facile adesso sentenziare che mio marito è un mostro, laddove è un insieme di tenerezze e di crudeltà, di sorrisi e di ire. Sia la schiena delle puttane che le sue natiche arrossate dai colpi di frusta si fondono alle sue nobili labbra, alle sue dolci parole e al puro oro dei suoi capelli.

Esiste nella lingua italiana la parola «compassione», un concetto che ci aiuta a capire il marchese. *Cum pati* in latino vuol dire «soffrire insieme». Sade, invece, provava l'esatto contrario: a lui piaceva il *cum gaudere*, ovvero il godere insieme, a cui, a volte, fa riscontro il *masochismo*, una mania ancora più incomprensibile.

Quest'ultima specialità la si deve a uno scrittore ucraino-tedesco, tale Leopold von Sacher-Masoch (1836-95), che ci scrisse sopra alcuni romanzi tutti basati sul piacere di essere torturati. L'incontro tra un *sadico* e un *masochista* è un colpo di fortuna per entrambi. E come se tutto questo non bastasse c'è anche il sadomasochismo, l'insieme, cioè, delle due perversioni vissute in contemporanea.

A proposito di Sade,

quello che non gli posso perdonare è il modo con cui ha descritto il Carnevale a Napoli. A suo dire, quel giorno davanti al Palazzo Reale, i napoletani alzavano una specie di impalcatura di legno sulla quale venivano inchiodate ancora vive bestie di ogni genere: polli, pecore, anatre, conigli, uccelli, oche e lepri. Poi, a mezzogiorno in punto, un colpo di cannone scatenava cinquemila napoletani, anche detti lazzaroni, *che si arrampicavano, armati di coltello, sui pioli dell'impalcatura per strappare a morsi le prede tra le urla agghiaccianti degli spettatori e le sghignazzate della famiglia reale. Risultato finale: una media di otto morti tra i* lazzaroni *per ogni Carnevale.*

Sarà pure vero, non dico di no, ma conoscendo i napoletani, non me li vedo mentre staccano a morsi le bestie per poi accoltellarsi a vicenda. Secondo me, prelevavano il necessario con la massima cura e se lo portavano a casa.

XXVII
Adam Smith

Finora abbiamo parlato di ragione (Cartesio), di cattiveria (Hobbes), di sostanza (Spinoza), di corsi e ricorsi storici (Vico), di sensismo (Berkeley) e di tolleranza (Voltaire). Adesso, invece, ci tocca parlare di economia e quindi di Adam Smith.

La vita

Adam Smith nacque a Kirkaldy, in Scozia, nel 1723. Fu allievo del moralista Francis Hutcheson e insegnò all'Università di Glasgow, dove per dodici anni occupò la cattedra di professore di logica. Nel 1759 pubblicò la *Teoria dei sentimenti morali*, la sua opera filosofica, e avrebbe continuato a parlare di sentimenti e di nobili azioni se un bel giorno il duca di Buccleuch non lo avesse portato con sé a Londra, a Parigi, a Tolosa e a Ginevra. Una volta sul continente, poi, Adam divenne grande amico di David Hume e dei fisiocratici come Turgot e Quesnay, e scrisse l'opera dove espose le sue teorie economiche e che lo rese famoso nel mondo: l'*Indagine sulla natura e sulle cause della ricchezza delle nazioni* (1776). Morì a Edimburgo nel 1790.

Adam Smith (1723-1790)

Il pensiero

Hobbes con il suo *homo homini lupus* aveva teorizzato che ogni uomo nasce nemico del suo vicino di casa. Adam Smith, invece, la pensava esattamente al contrario: l'uomo nasce buono per natura e, man mano che cresce, simpatizza con tutti gli altri esseri umani. Per Smith la parola «simpatia» è sinonimo di passione per un'altra persona, e quindi di voglia di piacere.

Certo è che nella vita o si è simpatici o si è antipatici. È un po' come nascere belli o brutti, solo che mentre con la bruttezza è sempre possibile ridurla un pochino ricorrendo al trucco, con l'antipatia non c'è niente da fare: se uno è antipatico è antipatico. Oggi, in un mondo dominato dalla televisione, e quindi dall'immagine, essere antipatici è come avere un handicap fisico. A parte lo spettacolo, infatti, nemmeno una carriera politica è più consentita a uno che è leggermente antipatico.

Attenzione, però, a non ridurre Adam Smith a un semplice esteta. La sua presenza nella storia della filosofia è legata allo studio dell'economia, e in particolare dell'economia industriale, da lui ritenuta una disciplina scientifica. Anzi, per molti Smith è considerato il padre dell'economia classica.

Come e perché una nazione diventa ricca? All'epoca c'erano due dottrine imperanti: la *scuola mercantile*, sorta nel Seicento, che si basava sul commercio e sulle differenze dei costi di produzione da paese a paese, e la *scuola francese* che si basava pressoché esclusivamente sui prodotti dell'agricoltura. A proteggerle entrambe c'erano le dogane. Poi un bel giorno è arrivato il progresso e oggi, grazie alla specializzazione delle maestranze, alla riduzione dei tempi, all'introduzione delle macchine e alla suddivisione del lavoro, la produttività è aumentata a tal punto da far vivere un lavoratore dei nostri giorni molto meglio di quanto non abbia vissuto un suo diretto antenato, fosse stato anche un principe regnante, in una zona della terra popolata da uomini incivili.

Smith, in pratica, individua il segreto della ricchezza nella suddivisione del lavoro. Lui scopre che per costruire uno spillo sono necessarie diciotto fasi di lavorazione (incredibile a dirsi) e che, una volta suddivise queste diciotto fasi tra più lavoratori, il costo finale diventa più basso.

Lo stesso principio lo seguiva mastr'Andrea, un giocattolaio napoletano di via Sergente Maggiore, che, avendo diviso tra i suoi figli (ne aveva undici) la costruzione delle sue bambole, riusciva a produrle a prezzi molto bassi. Uno faceva i capelli, uno i vestiti, uno gli occhi, uno le scarpe e uno il prezzo da attaccare sotto il tallone.

A proposito di Smith,

debbo confessarmi: io sono egoista e voglio guadagnare più del mio amico Mario. Mi do da fare, lavoro di più e guadagno di più. Ma anche Mario è egoista, e, vedendomi diventare più ricco di lui, cerca di superarmi. Dietro di noi, poi, c'è Antonio che è ancora più egoista di me e di Mario messi insieme. Lui pure si mette a produrre come un forsennato, e così alla fine, senza volere, aumentiamo il PIL, *il prodotto interno lordo della nazione. Da egoisti che eravamo siamo diventati benefattori.*

Tutto questo, però, accadrebbe se non ci fossero quelli della Solidarietà. Questi ultimi rimproverano me, Mario e Antonio di guadagnare troppo e s'inventano tutta una serie di leggi atte a ridurre i nostri compensi.

Nasce allora il Welfare State, ovvero un insieme di leggi (la cassa integrazione, le pensioni, la sanità ecc. ecc.) che provvedono ad aiutare i più deboli.

Alla fine si scopre che il principio della ricchezza di una nazione viene fuori da due sentimenti opposti: dall'Egoismo, che è di destra, e dalla Solidarietà, che è di sinistra. L'optimum lo si raggiungerebbe allorché i due sentimenti riuscissero a bilanciarsi senza mai prendere il sopravvento l'uno sull'altro. Il comunismo, tanto per fare un esempio, fallì proprio per aver ignorato l'egoismo. Ogni appartenente a un regime comunista, infatti, rendendosi conto che avrebbe guadagnato sempre lo stesso, smise di lavorare.

La cabina elettorale dovrebbe essere come il box della doccia. Sulla manopola di destra ci dovrebbe essere scritto **Egoismo**, *su quella di sinistra* **Solidarietà**. *Noi poi, a seconda della congiuntura politica, gireremmo le due manopole fino a vedere scendere l'acqua a temperatura giusta.*

Immanuel Kant (1724-1804)

XXVIII
Immanuel Kant

Scrivere una storia della filosofia moderna senza Kant non è possibile, d'altra parte anche parlarne a braccio è difficile. Si rischia di travisarlo o, quanto meno, di saltare qualche parte fondamentale del suo pensiero. Io, come sempre, cercherò di farne il ritratto. Lui, però, per cortesia, mentre lo dipingo, dovrebbe star fermo.

La vita e le opere

Immanuel Kant nacque nel 1724 a Königsberg (oggi chiamata Kaliningrad) nella Prussia orientale. Il suo nome, Immanuel, significava «Dio è con noi». Quarto di nove figli, durante l'infanzia si vide morire l'uno dopo l'altro cinque fratellini e probabilmente questi lutti gli trasmisero una predisposizione ad accettare il destino così come capita, senza protestare più di tanto. Suo padre, di mestiere faceva il sellaio ed era analfabeta. Sua madre, invece, era una donna istruita e religiosissima, frequentava i pietisti,[*] una setta protestante formata da

---

[*] Sui pietisti abbiamo detto già qualcosa nel capitolo di Wolff.

persone che, malgrado il nome, tutto sapevano fare nella vita tranne che avere pietà. Instillò nel figlio l'amore per la natura e, soprattutto, un'inesauribile voglia di sapere.

Da ragazzo Immanuel studiò nel Collegium Fridericianum dove imperversava un certo Franz Albert Schieltz, il più alto esponente del pietismo internazionale. Poi, grazie a Dio, si iscrisse giovanissimo all'Università di Königsberg ed ebbe come maestro Martin Knutzen che gli insegnò la matematica, la filosofia e la fisica newtoniana. Fece prima l'insegnante privato presso una famiglia nobile della zona, poi a trent'anni ebbe una cattedra universitaria e la carica di sottobibliotecario della Casa reale, e infine una seconda cattedra universitaria di logica e metafisica.

Come carattere era allegro. Racconta un suo allievo, il filosofo Johann Gottfried von Herder: «Malgrado l'età avanzata, aveva la vivacità di un ragazzino. Era sempre disposto a scherzare. Anche le sue lezioni più erudite erano piene di battute. Niente gli era indifferente, e soprattutto subiva il fascino della storia dei popoli. Incoraggiava tutti a leggere e a raccontare».

Durante gli anni della gioventù ebbe dei seri problemi economici. Quando gli morirono i genitori i funerali furono celebrati a spese del Comune. Lui, comunque, non si perse mai d'animo: continuò a insegnare malgrado lo pagassero una miseria. Riceveva un tanto per ogni studente presente in classe. Si dice che a fine lezione passasse con il piattino, e va ricordato che all'epoca, una volta imparato a leggere e a scrivere, un ragazzo non era più obbligato ad andare a scuola.

Politicamente parlando militava nei repubblicani: simpatizzò con gli americani durante la guerra d'indipendenza e con i francesi nel corso della rivoluzione. Il suo ideale era: «LIBERTÀ DI PENSIERO, INDIPENDENZA POLITICA, EGUAGLIANZA TRA GLI UOMINI» e fu proprio a causa di questa eguaglianza che ebbe qualche problema con il governo prussiano. Tutta colpa di un saggio intitolato *La religione nei confini della semplice ragione* (1793). Non l'avesse mai scritto.

Fronte aperta, sguardo sereno, viso luminoso, nel suo lavoro era di una precisione assoluta, in particolare per quanto riguardava gli orari. Alle cinque meno cinque si svegliava, alle cinque in punto prendeva il tè, alle sette usciva di casa per andare all'università. Una sola volta arrivò in ritardo, e fu quando si trattenne a letto per leggere l'*Emilio* di Rousseau. Si dice che gli abitanti di Königsberg regolassero i loro orologi sulle sue uscite dal portone di casa. A volte, poi, la sera, invitava qualche amico a cena. Mai più di nove e mai meno di tre. «Il loro numero» diceva «non deve superare quello delle Muse, né essere inferiore a quello delle Grazie.»

Il periodo più felice fu quello compreso tra il 1780 e il 1790. Soldi pochi, ma in quanto a intuizioni filosofiche il massimo possibile. L'uno dopo l'altro pubblicò i suoi tre capolavori assoluti: la *Critica della ragion pura* (1781), la *Critica della ragion pratica* (1788) e la *Critica del giudizio* (1790). Dopo il terremoto di Lisbona scrisse anche un trattato sui terremoti e uno sui pianeti, che a suo dire erano tutti abitati. Amava la poesia e un bel giorno scrisse:

La notte è sublime e il giorno è bello.
Il mare è sublime e la campagna è bella.
L'uomo è sublime e la donna è bella.

In quanto a donne, non credo che ne abbia avute più di tre. Un giorno disse: «Quando ne avrei avuto bisogno non avevo i soldi, oggi che ho i soldi non ne ho più bisogno».

Negli ultimi anni di vita gli accaddero due incidenti: gli morì Federico II il Grande, il sovrano che fino a quel momento lo aveva protetto, e venne colpito da una malattia che, oltre a renderlo pressoché cieco, gli fece perdere l'uso della memoria. Ricordava tutto del passato e praticamente nulla del presente. Ripeteva sempre le stesse frasi, dimenticandosi, a volte, di averle già dette pochi minuti prima. Lui stesso se ne rendeva conto e allora si scusava dicendo: «Ragazzi, abbiate pazienza, mi sono fatto vecchio. Voi, però, trattatemi come se fossi ancora un bambino». Morì nel 1804.

Il criticismo

Dovendo scegliere una sola parola per definire Kant io sceglierei «criticismo», cioè l'esatto contrario di «dogmatismo». Il criticismo funziona pressappoco così: «Tu dici una cosa e io te la critico. Tu insisti e io continuo a criticarti. Dopo un po' che parliamo, però, uno di noi due comincia a capire che anche l'altro potrebbe avere qualche ragione e allora cambia leggermente il suo parere. Non di molto, sia chiaro, ma quel tanto che basta per continuare a discutere».

Con il criticismo queste cose si possono fare, col dogmatismo no. Criticare, quindi, per Kant, non voleva dire «parlare male di qualcosa», come si legge nei vocabolari italiani, ma discutere, valutare, mediare e soprattutto confrontarsi con i propri limiti. Questo del «confrontarsi con i limiti» è un concetto molto kantiano. Il «criticismo», infatti, potrebbe essere definito anche la capacità di superarsi. Quando mi fermo a discutere con qualcuno, la prima cosa che mi chiedo è se la persona con cui sto parlando è in grado di superare i propri limiti, quelli che Nicola Abbagnano ha definito «le colonne d'Ercole del nostro io». Qualcuno, a questo proposito, ha tirato fuori anche l'espressione «ermeneutica della finitudine», definizione dotta che, però, a mio avviso, fa correre il rischio di spaventare il lettore.

Pur restando un illuminista convinto, Kant si supera nel momento in cui stabilisce che i confini della ragione possono essere fissati solo dalla ragione stessa, al punto da non riconoscere a nessuno, nemmeno alla fede, il diritto d'intromettersi. Appartenere al mondo della ragione, per Kant, vuol dire essere nemici di qualsiasi dogmatismo, fideismo o fanatismo che dir si voglia. Volesse il cielo che oggi, in Medio Oriente, ci fossero un pochino più di kantiani e un pochino meno di talebani: scomparirebbe il terrorismo.

La Critica della ragion pura (o teoretica)

Kant dà inizio alla *Critica della ragion pura* con una precisazione: la nostra conoscenza, dice, ha inizio con l'esperienza, ma non proviene completamente dall'esperienza. Certo, ha cominciato con le sensazioni, avendole a suo tempo memorizzate, salvo poi, però, averle integrate nel corso degli anni con altre conoscenze che le sono pervenute dall'esterno.

Le sensazioni, insomma, sono i mattoni con cui abbiamo iniziato a costruire le fondamenta. Adesso, però, è inutile starle a cercare sotto il pavimento dei pensieri. «Le sensazioni altro non sono che le *forme a priori* (universali e necessarie) che ci permettono di avere una conoscenza sensibile.»

In altre parole, prima veniamo bombardati dalle *sensazioni*, poi, grazie al cervello, le trasformiamo in *intuizioni* e così facendo ci costruiamo giorno dopo giorno, all'interno dell'anima, un mondo sensibile (o mondo *fenomenico*) per meglio conoscere quello che ci circonda. Oggetto della conoscenza razionale pura e quindi contrapposto al *fenomeno*, frutto della conoscenza sensibile, è solo il *noumeno*. Se poi, per capirci meglio, andiamo all'etimo greco dei due termini, scopriamo che il primo significa «qualcosa che si manifesta» (*pháinomai*, apparire), mentre il secondo deriva da mente (*nôus*).

La mente umana non può essere paragonata a una *tabula rasa* o a uno specchio inerte che si limita a riflettere tutto quello che vede. È un qualcosa, invece, che interviene e modifica la realtà con la quale viene a contatto. Come a suo tempo Copernico, così Kant ha rivoluzionato il rapporto esistente tra la mente e le sensazioni. Per Kant la mente è il Sole che sta al centro e che illumina le sensazioni che le stanno intorno. Ora, chiamatela come volete, ma la rivoluzione kantiana, o *Critica della ragion pura*, altro non è che l'aver messo la mente dell'uomo al centro di tutte le nostre intuizioni.

Il problema piuttosto si complica non appena entra in ballo la metafisica. La Ragione, infatti, si distingue dall'Intelletto in quanto prende in esame concetti che non hanno niente a che fare con l'esperienza e che per questo motivo vengono chiamati trascendenti. Vi sono però tre idee, dette trascendentali, che collegano il dominio della Ragione con quello dell'Intelletto. Le Idee trascendentali sono tre: l'Anima (oggetto della psicologia), l'Universo (oggetto della cosmologia) e Dio (oggetto della teologia). Ebbene, amici miei, guardiamoci in faccia: noi dell'Anima, dell'Universo e di Dio non sappiamo nulla. Possiamo solo azzardare delle ipotesi.

Kant confutò anche tutte le prove sull'esistenza di Dio. Per esempio, famosissima è l'ironia con cui smontò la prova «ontologica», derivante dall'idea che noi abbiamo di Dio e che, in quanto idea stessa di lui, ne comproverebbe già l'esistenza. Kant la «distrusse» con questo esempio: io so cosa valgono dieci talleri, ma ciò non significa che li abbia in tasca.

Kant dà inizio alla *Critica della ragion pura* con un dubbio di fondo. «Non è detto» scrive «che anche ponendo l'esperienza alla base di ogni nostro pensiero, tutto poi derivi dall'esperienza.» E allora che cos'è che ci fa pensare? E qui subito si pensa a Dio. Nossignore, precisa lui, esistono i «*giudizi sintetici a priori*» che sono quelli che ci fanno ragionare, che si chiamano *giudizi* perché giudicano, *sintetici* perché tendono all'essenziale e *a priori* perché, essendo universali, non possono provenire dall'esperienza. Detto questo, la conoscenza altro non è che la somma della nostra esperienza e dei *giudizi sintetici a priori*. Dopodiché conclude con questa frase: «*Due cose riempiono il mio animo di ammirazione: il cielo stellato sopra di me e la legge morale dentro di me*».

E questa frase, riportata anche come epigrafe sulla sua tomba, possiamo ergerla a emblema del suo pensiero.

La Critica della ragion pratica

Kant separa la ragione teorica dalla ragione pratica, ma anche in quest'ultima preferisce distinguere la *ragione pratica empirica* dalla *ragione pratica pura*. La prima opera esclusivamente in funzione dell'esperienza, la seconda, invece, tiene conto della moralità comune, e lui ci scrive sopra un saggio per insegnare a noi, poveri mortali, come si fa a distinguere quella pura-pura da quella pura e morale.

La *Critica della ragion pratica* si occupa dei comportamenti morali dell'uomo. Attenzione, però, a non fare casino: dicendo «*pratica*» Kant non allude all'esistenza di una ragione diversa da quella «*pura*». Per lui la ragione pratica è una sola. Al massimo possono essere diversi gli usi che se ne fanno: quella pratica empirica è legata all'esperienza, laddove quella pratica pura se ne frega.

Per capire qualche cosina di più dovremmo confrontare Hobbes con Kant. Tutti e due desideravano la pace universale, solo che si trattava di paci diverse. Quella di Hobbes era la pace assoluta (quella imposta dal mostro, dal Leviatano, quindi la dittatura), quella di Kant, invece, era la pace unita alla libertà. Il primo, nel caso Iraq, avrebbe tifato per gli Stati Uniti, il secondo per l'ONU.

La Critica del giudizio

Nella *Critica della ragion pura* Kant ha tirato fuori una visione della realtà alquanto meccanicistica che non consente nessuna libertà se non quella di poter pensare. Nella *Critica della ragion pratica* ci ha offerto una visione del mondo dove addirittura ci sarebbe la possibilità d'intravedere l'esistenza di Dio. Nella *Critica del giudizio*, infine, ha evidenziato l'importanza dell'estetica e ci ha fatto scoprire che il bello, in quanto sentimento di piacere puro, potrebbe rendere ancora più bella la vita.

Il problema che qui si pone Kant è se esista un qualcosa, un moto dell'animo, capace di giudicare (o meglio di «conoscere nel sentire»). Questa facoltà esiste ed è il *sentimento*. Per esempio, la molteplicità della natura, le sue forme, l'universo, l'arte non possono essere valutati dal semplice intelletto, ma dal sentimento.

A proposito di Kant,

il vero guaio per lui era quello di essersi innamorato della metafisica. È lui stesso a confessarlo nei Sogni di un visionario. «Purtroppo» dice, «sono un innamorato che non ha raggiunto l'oggetto del suo amore. Più io le corro dietro e più lei si allontana da me. Questo è il mio destino.»

Ai suoi occhi la scienza era un'attività minore che non aveva niente a che vedere con la metafisica. Era una cosina che poteva andar bene per gente come Galilei o al massimo per un brav'uomo come Newton, non per un pensatore come lui. La metafisica, invece, stava lì, giorno e notte, nascosta dietro una tenda, e non appena lui andava a dormire se lo guardava ridendo e lo costringeva a porsi domande sempre più difficili.

Indice dei nomi

Abbagnano, Nicola, 176
Alembert, Jean-Baptiste Le Rond d', 107-108, 110, 117-118, 145, 157
Anassagora, 55
Apollonio di Perge, 19
Archimede, 19
Aristotele, 24, 55, 69
Arnauld, Antoine, 59

Bacone, Francesco (Francis Bacon), 46, 127
Barrow, Isaac, 51, 53
Baumgarten, Alexander Gottlieb, 80, 87-89
Beccaria, Cesare, 141-142, 146, 147
Beccaria, Giovanni Saverio, marchese, 145
Beccaria, Giulia, 142
Beeckman, Isaac, 13
Berkeley, George, 83-86, 121

Biffi, Giovan Battista, 141
Boccapadule Gentile, Margherita, marchesa, 145
Boerhaave, Hermann, 101
Boineburg, Christian von, barone, 63
Borbone, casata, 138, 139
Bramhall, John, vescovo, 24
Buccleuch, Henry Scott, terzo duca di, 167
Buffon, Georges-Louis Leclerc, conte di, 108-109, 128

Calvino, Giovanni (Jean Cauvin), 136
Carlo I Stuart, re d'Inghilterra e di Scozia, 22
Cartesio, Renato (René Descartes), 11, 14, 16-19, 21-22, 24, 27, 31, 34, 39, 40, 46, 57, 59-60, 65, 69, 74, 155
Cassirer, Ernst, 43

Castiglione, Maria, 143
Cavendish, famiglia, 22
Cavendish, William, barone, 22
Champion, Antoinette, 111
Châteauneuf, Pierre-Antoine de, abate, 119
Châtelet, Gabrielle-Émilie le Tonnelier de Breteuil, marchesa du, 121
Cicerone, Marco Tullio, 39
Clarke, Samuel, 121
Condillac, Étienne Bonnot de, 127-129
Copernico, Niccolò (Nikolaj Kopernik), 15, 178
Cristina, regina di Svezia, 14
Croce, Benedetto, 71-72, 74
Cromwell, Oliver, 22

Darwin, Charles Robert, 65
De Finizio, Alberto, 93
Democrito, 55
Diderot, Denis, 104, 107-108, 110-111, 113-115, 128, 145, 155, 157, 159
Diogene di Sinope, 24
Duclos, Charles Pinot, 108

Empedocle, 55
Euclide, 29

Facchinei, Ferdinando, 146
Federico I, re di Prussia, 64
Federico II il Grande, re di Prussia, 79, 101, 176
Federico Guglielmo I, re di Prussia, 77
Filangieri, Carlo, principe di Satriano, 138
Filangieri, Cesare, principe di Arianello, 138
Filangieri, Gaetano, principe di Satriano, 135, 138
Filippo d'Orleans, principe reggente di Francia, 121
Filippo II, re di Spagna, 21
Foucher, Simon, 59
Franklin, Benjamin, 138
Freud, Sigmund, 65
Fukuyama, Francis, 164

Galiani, Ferdinando, abate 104, 108
Galilei, Galileo, 15, 17, 24, 51, 59, 181
Gassendi, Pierre, 22
Genovesi, Antonio, 135, 137
Gentile, Giovanni, 71
Giannone, Pietro, 135-137
Giansenio, Cornelio (Cornelis Jansen), vescovo, 30
Giovanni Federico di Brunswick-Lüneburg, duca di Hannover, 64
Girardin, Louis-René de, marchese 156
Goethe, Johann Wolfgang, 138
Gournay, Vincent de, 107, 108

Indice dei nomi 185

Gregorio I Magno, papa, 136
Guglielmo III di Orange-Nassau, re di Gran Bretagna e Irlanda, 46

Hegel, Georg Wilhelm Friedrich, 164
Helvétius, Claude-Adrien, 101, 103, 108
Herder, Johann Gottfried von, 174
Hobbes, Thomas, 21-24, 26, 149, 169, 180
Holbach, Paul-Henry Dietrich, barone d', 101, 104, 145
Hooke, Robert, 53
Hume, David, 149-153, 167
Hutcheson, Francis, 167
Huygens, Christiaan, 53

Ipparco di Nicea, 19
Isimbardi, Maddalena, 142

Kant, Immanuel, 34, 55, 87, 143, 151, 173, 175-181
Keller, Rose, 163
Knutzen, Martin, 80, 174
König, Eva, 131

La Mettrie, Julien Offroy de, 101-103, 125, 127
La Pailleur, Jacques, 27
Lauris, Laura Vittoria de, 163
Le Breton, André-François, 107

Leibniz, Gottfried Wilhelm, 53, 63-65, 67, 69, 79, 87, 123
Lessing, Gotthold Ephraim, 131-133
Le Valois, Louis, 59
Levasseur, Thérèse, 156
Linneo, Carlo (Carl von Linné), 91, 93
Locke, John, 45-50, 66, 121, 125, 127-128, 149
Luigi XIV, re di Francia, detto il Re Sole, 64, 97
Luigi XV, re di Francia, 107, 121

Malebranche, Nicolas de, 57, 59-61
Manzoni, Alessandro, 142
Maria Carolina d'Asburgo-Lorena, regina di Napoli, 108
Maria II Stuart, regina d'Inghilterra, 46
Marx, Karl Heinrich, 157
Maurizio di Nassau-Orange, principe, 13
Menafoglio, Antonio, 141
Mersenne, Marin, 13, 22
Mirabeau, Victor Riqueti de, 108
Mishima, Yukio, 165
Montaigu, Pierre-François de, conte, 156
Montaldo, Marianna, duchessa di Fragnito, 138

Montesquieu, Charles-Louis de Secondat, barone di La Brède e di, 95-99, 136
Montmorency-Luxembourg, Charles-François-Frédéric de, conte, 157
Montreuil, Renée Pélagie de, marchesa de Sade, 163

Nelson, Horatio, 139
Newton, Isaac, 45, 51, 53-56, 121, 125, 127, 152, 181

Omero, 22, 97
Orazio Flacco, Quinto, 39

Pagano, Francesco Mario, 135, 138
Pascal, Blaise, 27, 29-30, 36
Pascal, Étienne, 27
Pascal, Gilberte, 27, 29
Pietro I il Grande, zar di Russia, 64
Platone, 24, 55, 69, 76, 99
Pompadour, Jeanne-Antoinette Poisson, marchesa, detta Madame de, 107-108

Quesnay, François, 109, 167

Reale, Giovanni, 77
Rocca, Domenico, marchese di Vatolla, 72
Rohan-Chabot, Guy Auguste de, 121-122

Rousseau, Jean-Jacques, 104, 107, 150, 155, 157-160, 175

Sacher-Masoch, Leopold von, 165
Sade, Donatien-Alphonse-François, conte, detto marchese di, 161, 163-166
Schieltz, Franz Albert, 80, 174
Schönborn, Johann Philip Franz von, principe di Magonza, 63
Seneca, Lucio Anneo, 39
Smith, Adam, 167, 169-171
Socrate, 24, 26, 99, 128, 147, 151
Sofia Carlotta, regina di Prussia, 64
Spinoza, Baruch, 37, 39-41, 43, 64, 66, 69
Swift, Jonathan, 84, 121

Talete, 151
Tencin, Claudine-Alexandrine Guérin, marchesa, detta Madame de, 127
Thomasius, Christian (Thomas C.), 39
Torricelli, Evangelista, 29
Tucidide, 22
Turgot, Anne-Robert-Jacques, barone di Aulnes, 108-109, 167

Vercellis, Maria Teresa de, contessa, 155

Verri, Alessandro, 143, 145
Verri, Pietro, 141-143, 145-146
Vico, Giambattista, 71-76, 137
Visconti di Saliceto, Maria, 145
Voltaire (pseud. di François-Marie Arouet), 13, 54, 107, 119, 124-125, 136, 142, 145, 155, 157, 159
Vries, Simone de, 40

Warens, Louise-Éléonore de La Tour du Pil, baronessa de, 156
Wolff, Christian, 77, 79, 81, 87

«Storia della filosofia moderna - Da Cartesio a Kant»
di Luciano De Crescenzo
Collezione I libri di Luciano De Crescenzo

Arnoldo Mondadori Editore

Finito di stampare nel mese di aprile 2004
presso Mondadori Printing S.p.A.
Stabilimento NSM di Cles (TN)

Stampato in Italia - Printed in Italy